문화콘텐츠학 총서 002

서사로 읽는 서사학

- 인지주의 시학의 관점에서 -

국립중앙도서관 출판시도서목록(CIP)

서사로 읽는 서사학 : 인지주의 시학의 관점에서 / 지은이: 최용호.
-- 서울 : 한국외국어대학교출판부, 2009
p. ; cm. -- (문화콘텐츠학총서 ; 2)

참고문헌 수록
ISBN 978-89-7464-518-2 14000 : ₩11000

서사학[敍事學]

801-KDC4
801-DDC21 CIP2009000495

문화콘텐츠학 총서 002

서사로 읽는 서사학

- 인지주의 시학의 관점에서 -

최 용 호

한국외국어대학교출판부

프롤로그

이 책의 제목은 『서사로 읽는 서사학』이다. 우리는 이 책에서 두 마리의 토끼를 쫓고자 한다. 하나는 '서사(narrative)' 이고 다른 하나는 '서사학(narratology)' 이다. 이 둘의 연결 고리인 '읽는' 이란 관형어는 여기서 중의적이다. 문법적인 관점에서 읽기의 대상은 서사학이다. 그런데 사실 우리가 이 책에서 읽고자 하는 대상은 서사학이 아니라 서사 텍스트이다. 이론을 이해하고 설명할 수는 있어도 단순히 읽을 수는 없기 때문이다. '읽다' 의 목적어로 적합한 것은 구체적인 대상으로서의 텍스트이지 추상적인 개념 체계로서의 이론은 아닌 것이다. 그럼에도 불구하고 위와 같은 제목을 우리가 고집한 이유는 이 책의 독특한 서술 방식을 겉으로 드러내고자 하는 우리의 분명한 의도 때문이다. 대부분의 서사학 이론서가 이론을 설명하는 가운데 필요에 따라 적절한 분석 사례들을 예시하는 것에 반해 우리는 서사 텍스트들을 '읽어' 가면서 서사학 이론을 소개하고자 한다. 두 마리의 토끼를 쫓고자 하는 우리의 궁극적인 목적이 작품을 깊이 있게 분석하거나 이러한 분석에 필요한 개념들을 체계적으로 설명하는 것에 있다기보다 이 개념들의 구체적인 사용 방식을 예시하는 것에 있음을 분명히 밝혀두자.

우리는 마치 요리사가 요리하면서 요리법을 소개하듯 서사 텍스트를 분석하면서 서사학을 소개할 것이다. 과연 이 두 마리의 토기를 잡을 수 있을 것인가에 대한 판단은 요리의 맛을 본 독자의 몫이 되리라.

구조주의 시대에 언어학은 모델 학문으로서 자신의 고유한 영역을 뛰어넘어 다른 학문 영역, 예컨대 인류학, 정신분석학, 정치경제학, 철학, 문학 비평 등에 이르기까지 담론 - 푸코(Foulcault)적 의미에서의 - 으로서의 폭넓은 영향력을 행사하였다. 인간과 세계를 이해하고 설명하는 방식에서 종전에 의식이 담당했던 일종의 매개 역할을 바로 언어가 수행하기 시작한 것이다.[1] 이 시기에 인구에 회자되었던 "언어학적 전환" 이란 말 속에는 이 역할이 함축적으로 잘 표현되어 있다. 1990년대 이후 사람들은 "서사학적 전환" 이란 용어에 호소하여 인문사회과학 전 분야에 걸쳐 새롭게 맞이하게 된 인식론적인 변화를 기술하기 시작하였다. 이제 인간과 세계를 매개하는 것은 언어가 아니라 서사이다.

서사를 연구 대상으로 삼고 있는 서사학은 오늘날 과거 언어학이 수행했던 인식론적인 모델로서, 선도 학문으로서, 담론의 생산자로서의 역할을 수행하고 있다. '서사학' 이란 용어는 토도로프(Todorov)가 1969년 『데카메론의 문법 *Grammaire du Décaméron*』에서 처음으로 사용한 것으로 서술(narration) 이론을 가리킨다(Todorov 1969:10). 토도로프는 바르트(Barthes)[2]와 마찬가지로 서술의 형식적 특성을 기술

---

1 데들레프 호르스터는 『로티』에서 이러한 변화를 다음과 같이 기술한다. "철학자들은 수천 년 동안이나 정신 또는 의식을 인간과 세계 사이를 매개하는 수단으로 간주하였다. 언어철학적인 전환 이래로 이제 그 자리에는 언어가 들어선다." (2000, p.104)

2 Barthes(1968)는 「구조주의 서사 분석 입문 Introduction à l' analyse structurale du récit」에서 서사 텍스트의 분석 층위를 구조주의적 관점에서 세분하고 각 층위에 적합한 분석 모델을 제시한다. 이 논문은 토도로프의 『데카메론의 문법』, 쥬네트의 『서사 담론』과 더불어 구조주의 서사학의 고전으로 손꼽힌다.

하기 위해 이 책에서 구조주의적 관점을 취하고 있다. 쥬네트(Genette)는 기존의 소설 이론을 종합한 그의 『서사 담화 *Discours du récit*』에서 구조주의 서사학(structural narratology)의 체계를 확립하였다. 그 뒤 채트먼(Chatman), 발(Bal), 슈탄젤(Stanzel), 리몬-캐넌(Rimmon-Kennan), 툴란(Toolan), 오닐(O' Neil) 등에 이르기까지 서사학은 구조주의에서 후기구조주의로 그 논쟁의 맥락을 달리해가며 끊임없이 자기 혁신을 이룩하였다. 이러한 노력의 결실로 오늘날 서사학은 인식론적 모델로서 자리를 잡기 시작했으며 학제적 연구의 새로운 길을 제시하기에 이르렀다. 예컨대 서사학은 인류학, 민족지, 기호학, 텍스트 의미론 등과 더불어 사회과학에서 질적 방법론의 한 형태로 이미 공인을 받았으며[3], '스토리텔링(storytelling)' 이란 용어가 잘 보여주듯 컴퓨터 게임, 테마 파크, 문화 기획 등 문화 기술 분야에 확대 적용되고 있다. 서사학은 허구 세계뿐만 아니라 실제 세계, 나아가 가상 세계를 이해하고 설명하는 통합 모델로 활용되기에 이른 것이다.

"서사학적 전환" 은 1990년대 이후 구조주의 서사학의 뒤를 이은 인지주의 서사학(cognitive narratology)의 발전에 더욱 큰 힘을 받고 있다. 구조주의 서사학에 따르면 서사 텍스트를 서사 텍스트답게 만들어 주는 서사성(narrativity)은 서사 텍스트의 구조 속에 내재한다. 반면 인지주의 서사학에서는 이 서사성을 서사 텍스트와 독자의 상호작용에 의해 재구성되는 것으로 간주한다. '은유적 개념' (metaphorical concept), '전형' (prototype), '범주화' (categorization), '스키마' (schema), '독서' (reading) 등이 인지주의 관점에서 서사성을 기술하

3 예컨대 『서사 연구Narative Inquiry』(2000)에서 D. Jean Clandinin와 F. Michael Connelly는 질적 방법론으로서의 '서사' 가 사회과학에 미친 영향을 인간 경험의 의미와 구조의 측면에서 고찰한다.

는 새로운 용어들이다. 주지하다시피 스토리(story)와 담화(discourse)는 서사 텍스트의 분석 층위를 가리키는 서사학의 가장 오래된, 그리고 가장 기본이 되는 구분 중의 하나이다. 오늘날 이 두 개념도 보다 역동적인 방식으로, 다시 말해 담화에 의한 서사 텍스트의 전복 가능성이란 시각에서 재고되고 있다.

우리는 이 책에서 이러한 인지주의 서사학의 핵심 개념들을 하나하나 살펴보고자 한다. 지금까지 국내에 소개된 서사학 이론서들은 주로 구조주의의 범주를 크게 벗어나지 않는다. 이런 점에서 인지 시학[4]에 바탕을 둔 우리의 논의가 부족하나마 국내 학계에 새로운 서사학적 쟁점과 전망을 제공해줄 수 있기를 기대한다. 우리는 또한 이 책에서 우리가 앞서 두 차례에 걸쳐 소개한 바 있는 텍스트 의미론[5]의 의소분석 방법론과 인지주의 서사학과의 학제적인 대화를 짧게나마 시도하고자 한다. 휸(Hühn)은 「초 장르 간 서사학 : 서정시에 대한 적용(Transgeneric Narratology : Application to Lyric Poetry)」에서 이러한 대화의 필요성을 역설한 바 있는데 그의 통찰력 있는 짧은 논평[6]이 우리의 연구에 큰 도움이 되었음을 밝힌다. 우리는 특별히 의소 분석의 과정을 보다 명시적인 절차로 나타내기 위해 인공지능에서 고안한 스키마 모델을 참조할 것이다. 이 둘의 생산적인 대화와 만남을 통해 텍스트의 거시적인 분석 단위가 앞으로 보다 잘 정의될 수 있기를 기대한다.

이 책에서 우리는 가급적 우리가 소개하고자 하는 서사학적 개념들을 잘 예시해줄 수 있는 서사 텍스트들을 분석 대상으로 선정하려고

---

4 "인지 시학"이란 용어 스톡웰(Stockwell)이 2002년에 펴낸 책의 제목이기도 하다, 이 책에서 우리는 스톡웰의 입장에 서서 인지주의 서사학 개념들을 소개하고자 한다.

5 최용호(2004)와 최용호(2006) 참조.

6 Hühn (2004), p.145.

노력하였다. 『돈키호테』(1장), 『아내가 결혼했다』(4장), 『달콤한 나의 도시』(6장), 『이방인』(7장), 『냉정과 열정 사이』(8장) 등이 우리가 앞으로 분석하게 될 텍스트들이다. 이들 외에 김훈의 『강산무진』에 실린 「작가의 말」(2장), 호쿠사이의 「큰 파도」(3장), 유리왕의 「황조가」(5장) 등 다양한 장르의 텍스트들에 대한 길고 짧은 분석이 이 책에 수록되어 있다. 언뜻 보아도 우리가 이들을 매우 자의적인 방식으로 선정했음을 누구나 쉽게 짐작할 수 있으리라. 이들은 모두 우리가 한국외국어대학교 문화콘텐츠 대학원 강의 시간에 강의 자료로 활용한 것들이다. 강의 노트를 엮어 만든 이 책은 한국에서 출범했다고 감히 장담할 수 있는 문화콘텐츠학을 체계적으로 소개하기 위해 한국외국어대학교 출판부에서 기획한 총서의 일환으로 작성되었다.

스토리텔링의 관점에서 문화콘텐츠학의 핵심 과제 중의 하나는 원형 콘텐츠와 파생 콘텐츠 간의 복잡하고 다양한 관계를 밝히는 것이다. 인지주의 서사학의 핵심 개념들을 소개할 목적으로 작성된 이 책에서 우리는 이 문제를 본격적으로 다루지는 않을 것이다. 우리는 우리가 지금 작성하고 있는 이 책의 프롤로그에 상응하는 에필로그를 이 책을 구성하는 몇몇 장—1장, 4장, 6장, 8장—에 한해 덧붙였다. 이 에필로그에서 우리는 원작과 이 원작을 바탕으로 제작된 콘텐츠 사이에 형성된 다양한 형태의 관계에 관해 짧게 논평하였다. 우리는 특별히 '다시 이야기하기' 란 관점에서 이 파생적 관계를 나름대로 해명하고자 노력하였다. 본문의 내용과 큰 관련 없이 작성된 에필로그 속에서 독자는 우리의 향후 연구 방향과 관련된 매우 짤막한 노트와 메모만을 찾아볼 수 있을 것이다.

서구의 이론을 소개할 때 자칫 난해한 전문 용어의 덫에 빠져 정작 이들을 구체적으로 어떻게 활용해야 할지 스스로에게 물어보지도 않은 채 그저 개념의 놀이에만 열중할 때가 사실 적지 않다. 개인적으로 인문학의 분석 도구는 잘 정의된 개념이라고 생각한다. 누구든 이 개념을 직접 사용해보지도 않고 정확하게 이해했다고 장담할 수는 없을 것이다. 어쩌면 두 마리의 토끼를 쫓는 이 책의 시도는 처음부터 실패로 끝날 수밖에 없는지도 모른다. 작품 분석이 만족스러운 반면 이론 소개가 불만족스럽다든지 아니면 그 반대라든지, 혹은 둘 모두 불만족스럽다든지 하는 경우가 얼마든지 발생할 수 있다. 그럼에도 불구하고 하나의 이론을 이해하고 소화해가는 지난한 과정의 한 단계로서 우리의 이러한 무모한 시도가 그 고유한 맛을 잃지 않기만을 바랄 뿐이다.

2008년 12월 왕산에서

최용호

차례

1

돈키호테

— 책과 독서 활동에 관한 철학적 물음

서사로 읽는 서사학

서사로 읽는 서사학

1

돈키호테

책과 독서 활동에 관한 철학적 물음

1. 이야기 속의 이야기

『돈키호테』를 원작으로 한 『맨오부라만차』는 하나의 이야기 안에 또 다른 이야기가 삽입된 극중극의 형식으로 꾸며진 뮤지컬이다. 첫 번째 이야기는 세르반테스의 재판 이야기이다. 세무사인 세르반테스는 교회를 차압한 신성 모독죄로 종교 재판을 받기 위해 지하 감옥소에 갇힌다. 지하 감옥소에는 온갖 범죄를 저지른 흉악범들이 살고 있다. 이들은 세르반테스의 죄를 알아내려고 접근한다. 세르반테스는 자신의 무죄를 강변한다. 지하 감옥소 안에 즉각 모의 법정이 만들어지고 세르반테스는 자신의 무죄를 입증해야 하는 피고의 자리에 서게 된다. 그는 자신만의 방식으로 자신을 변호할 것을 제안하고 이 제안이 받아들여진다. 세무사이자 작가인 그는 즉흥극의 방식으로 자신의 무죄를 변론한다. 이렇게 해서 두 번째 이야기가 시작된다. 이 이야기는 라만차에 살고 있는

알론조 기사 이야기이다. 이 이야기는 현실의 폭력 속에서 희망과 꿈을 잃지 않은 한 기사의 모험 이야기이자 사랑이야기이다. 극은 성공적으로 마무리되고 세르반테스는 감동에 젖은 죄수들—혹은 독자들—의 환호 속에서 재판을 받으러 지하 감옥소에서 나온다.

지하 감옥은 위와 아래의 대립으로 지배와 피지배 사이의 폭력적 혹은 억압적 현실을 잘 형상화한 무대 배경이다. 『맨오부라만차』의 주제는 꿈과 희망이다. 꿈과 희망을 가장 잘 표현할 수 있는 공간은 역설적으로 꿈과 희망이 전혀 존재하지 않을 것 같은 공간이다. 지하 감옥이 바로 이러한 공간이다. 이 감옥소 안에서 벌어진 모의재판은 사실 세르반테스의 신성모독죄에 대한 재판이라기보다 그가 쓴 작품에 대한 재판이다. 사람들은 이 작품이 기사의 죽음으로 끝나는 것에 항의하며 끝까지 희망을 포기하지 않는 기사의 부활을 세르반테스에게 주문한다. 작가는 자신의 작품의 결말을 새롭게 수정한다. 결국 첫 번째 이야기와 두 번째 이야기 모두 희망을 노래하는 장면 속에 오버랩 되고 극은 마무리된다.

이 두 이야기 모두 재판 이야기이다. 하나는 종교 재판이야기이고 다른 하나는 즉흥극 형식으로 진행된 모의재판 이야기이다. 우리는 원작 『돈키호테』에서도 이 재판 이야기를 찾아볼 수 있다. 법정 앞에 소환된 피고는 세르반테스가 아니라 책이다. 우리는 이 이야기를 통해 책의 가치와 존재에 관한 철학적 물음을 제기하고자 한다. 보다 구체적으로 책의 재판 과정 속에서 논의되는 원작과 아류의 가치, 현실과 상상의 경계, 독서 행위의 위험성 등에 관해 묻고자 한다. 이 물음을 통해 우리는 인지적 활동으로서 독서의 메커니즘이 작동하는 방식을 고찰하고자 한다.

2. 비평의 법정

『돈키호테』 제1부 6장 「신부와 이발사가 우리의 똑똑한 시골 귀족의 서재에서 행한 어마어마하고도 즐거운 종교 재판 이야기」는 사람이 아닌 책에 대한 공판을 다룬 내용으로 꾸며져 있다. 바로 전(前) 장에서 책은 다음과 같은 이유로 인해 기소된다. 고소인은 "똑똑한 시골 귀족"의 조카딸이다.

"삼촌은 걸핏하면 꼬박 이틀 밤낮을 새워가면서 이 쓸모없는 재앙의

> 책들을 읽어댔어요. 결국 책을 집어던지고 칼을 들어 벽을 향해 내지르기도 하고, 그러다가 지치면 탑만큼이나 큰 거인을 넷이나 죽였다면서 땀이 흐르는 걸 가지고 전투에서 입은 상처에서 피가 솟는다고 하지 뭐예요. 어떤 때는 냉수를 항아리째 들이마시고는 그 물은 위대한 마법사이자 당신의 친구인 현지 에스키페가 가져다준 귀한 약물이라고 하면서 다시 평온을 되찾지 않나… 하여간 모두 제 잘못이에요. 진작 삼촌의 이상한 행동을 신부님과 아저씨께 말씀드렸어야 했는데. 그랬다면 삼촌이 갖고 있는 저 해로운 책 더미를 태워버려서 이런 일이 생기기 전에 막을 수 있었을 텐데, 저 책들은 이단자들과 같아서 불태워 없애버려야 한다니까요." (『돈키호테』, p.79)

종교 재판은 배교자들이나 이단자들에 대한 재판이다. 이런 점에서 "쓸모없는 재앙"을 몰고 온 "저 해로운", 마치 "이단자들"과도 같은 책들을 향해 조카딸이 위에서 거침없이 기소한 내용을 살펴보면 우리는 6장의 이야기가 왜 종교 재판의 형식을 취하고 있는가를 이해할 수 있다. 이단으로 몰린 책들이 결국 화형에 처해진다는 점에서 이 종교 재판 이야기는 "어마어마한" 이야기이다. 그럼에도 불구하고 주로 기사의 모험담을 주변으로 전개된 이 이야기는 또한 "즐거운" 이야기이다. "어마어마하고도 즐거운" 이야기는 종교 재판 이야기 다음에도 돈키호테의 모험담 속에 계속 이어진다.

흥미롭게도 책에 대한 송사는 종교 재판에서 흔히 볼 수 있는 것처럼 신속하게 일괄 처리되지 않는다. 책들은 한 권씩 비평의 법정 앞에서서 판결을 기다린다. 첫 번째 피고는 "스페인에서 출판된 최초의 기사 소설"[7]인 『아마디스 데 가울라』 4권이다. "악독한 이단을 최초로 언급한"[8] 원죄를 범한 책인 만큼 곧바로 화형에 처해질 듯도 하지만 놀랍게도 이 책은 "이런 유의 책들 중에서는 가장 잘 쓴 책"[9]이라는 문학적 가치를 인정받아 집행유예로 화형을 면하게 된다. 반면 이 책의 "적자"인 『에스플란디스의 공훈』은 "아비의 덕이 아들을 도울 수 없다"[10]는 판결문과 함께 단호히 창밖으로 던져진다. 이렇게 해서 『아마디스 데 가울라』만 살고 『아마디스 데 가울라』 류(類)의 모든 책들은 화형에 언도된다. 어떤 책은 "그 불손한 거짓말의 대가로"[11] 인해, 또 어떤 책은 "그 문장이 말할 수 없을 만큼 거칠고 무미건조하다는"[12] 이유로 인해 화형에 처해진 반면에, 어떤 책은 "희귀하고", "온갖 모험이 잘 꾸며"져 있으며 "문장도 세련되고 분명하며 박진감과 이해심을 가지고 인물들의 성격을 구현하는"[13] 데 성공했다는 공로로, 또 어떤 책은 "기사들이 먹고 자고 자리에서 죽고, 죽기 전에 유언을 하는 등 그 밖에 다른 책엔 한 마디도 나오지 않는 내용이 다 들어 있다"[14]는 점 때문에 화형을 피해간다. 종교 재판의 마지막 피고에 대한 신부의 변을 인용하면 다음과 같다.

> 내가 그런 책을 불 지르라고 내주었다면 나 자신도 눈물을 흘렸을 것입니다. 그 저자는 스페인뿐만 아니라 온 세계에서 가장 유명한 시인입니다. 그 중에서도 오비디우스의 이야기들을 번역한 것이 가장 훌륭

---

7 『돈키호테』, p.82.
8 『돈키호테』, p.82.
9 『돈키호테』, p.82.
10 『돈키호테』, p.82.
11 『돈키호테』, p.83.
12 『돈키호테』, p.84.
13 『돈키호테』, p.86.
14 『돈키호테』, p.87.

했죠. (『돈키호테』, p.90)

책에 대한 재판은 이처럼 책에 대한 비평의 방식으로 전개된다. 비평의 화살촉은 책의 내용과 형식 모두를 겨냥하고 있다. 주제가 교훈적인가? 인물의 성격이 흥미로운가? 플롯의 구성이 치밀한가? 새로운 내용을 담고 있는가? 문장의 표현 방식이 세련되어 있는가? 등등 문학성에 관한 물음이 재판의 과정을 주도한다. 요컨대 훌륭한 책이란 독창적이고 기발한 내용을 세련된 문장으로 담아낸 책을 가리킨다. 이러한 책들은 "흥미와 즐거움의 보고"[15]로 평가 받는다.

윤리적 판단이 선함과 악함의 이분법적 구분에 호소하고 법정에서 이루어지는 재판이 범죄의 경중(輕重)과 이에 대한 처벌의 수준을 정하는 이중의 작업이라면 문학 비평은 작품의 가치를 평범함과 비범함이란 두 가지 잣대를 통해 저울질한다. "어마어마하고도 즐거운" 재판의 과정에서 원작이 그 아류보다 높게 평가되고 번역본이 "원작만큼 훌륭해질 수없는"[16] 이유는 원작을 흉내 내는 바로 그 순간 원작의 비범함을 잃어버리기 때문이다. 원작을 복사한 콘텐츠는 따라서 원작의 비범함을 추월할 수 없으며 비평의 법정에서 유죄 판결을 받을 수밖에 없다. 책에 대한 종교 재판은 책 그 자체에 대한 재판이라기보다 이처럼 책의 문학적 가치에 대한 비평의 형태로 시작해서, 또한 비평의 형태로 마무리된다.

그런데 비범함이 추앙의 대상이 될 수는 있어도 평범함이 과연 기소의 사유가 될 수 있는가? 평범한 책을 많이 읽어 "똑똑한 시골 귀족"이 유랑기사가 된 것도 아니지 않은가? 우리는 책이 왜 비평이 아닌 재판

---

15 『돈키호테』, p.87.

16 『돈키호테』, p.85.

을 받아야 하는지를 물어야 한다.

신부와 이발사에겐 재판에 앞서 명작과 졸작을 구분해내는 것이 무엇보다도 중요하지만 송사를 제기한 조카딸과 가정부가 보기엔 모든 책이 "불행의 근원"[17]일 뿐이다. 이들의 송사는 단지 특정한 이 혹은 저 책의 이러저러한 문학적 가치가 아니라 그야말로 모든 책들에 관한 것이다.

> "아뇨, 한 권이라도 용서할 필요 없어요. 이 책들 전부가 다 그런 짓을 할 수 있죠." (『돈키호테』, p.82)

"이 책들 전부가" 할 수 있는 "그런 짓"이 무슨 짓인가라는 문제는 잠시 뒤로 미루어보자. 우리는 조카딸의 이러한 항변이 단지 기사 이야기에게만 한정되는 것이 아님을 먼저 지적하고자 한다. 예컨대 호르헤 데 몬테 마요르의 『디아나』는 산문이 아닌 운문으로 된 시집이다. 이 책의 판결을 앞두고 신부는 다음과 같이 변론한다.

> "이 책들을 다른 것들과 함께 태울 필요는 없습니다. 기사담처럼 나쁜 짓은 안 할 테니까요. 그저 흥밋거리로 읽을 책이니까 아무런 해가 없을 겁니다." (『돈키호테』, p.87)

하지만 조카딸은 즉각 반론을 제기한다.

> "아이구, 신부님. 그것들도 같이 불태워버려야 해요. 아저씨가 기사병

17 『돈키호테』, p.81.

> 에서 다 나은 다음에 또 그 책들을 읽고 양치기가 되어서 노래를 부르고 피리를 불면서 산과들을 돌아다닐지도 몰라요. 더구나 시인이 되면 어떻게 해요? 그 병은 한번 걸리면 고칠 수도 없다는데." (『돈키호테』, p.87).

기사 이야기를 읽으면 기사가 될 수 있고 시를 읽으면 시인이 될 수 있다는 것이 조카딸이 책 전반에 대해 갖는 두려움의 근거이다. 이발사는 다음과 같이 대꾸한다.

> "이 아가씨의 말이 옳습니다. 이후 우리 친구의 방해물과 위협물이 될 물건은 치워버리는 것이 좋지요. 하지만 그것을 다 태울 것 없이 요술쟁이 여자 펠리시아와 요술 걸린 물 이야기가 나오는 부분과 장편 시의 대부분만 떼어버리면 되겠어요. 하지만 그런 산문과 이런 종류의 책의 시초라는 명예만은 남겨두라고 하죠."(『돈키호테』, p.88).

이발사는 조카딸의 반론을 한편으로 수용하면서도 다른 한편으로 자신의 미학적 판단 기준을 결코 포기하지도 않는다. 요술쟁이와 요술에 걸린 물건이 등장하는 이야기가 위험한 것은 사실이지만 "이런 종류의 책의 시초라는 명예만은 남겨두어야 한다는" 것이, 다시 말해 새로운 장르를 개척한 공적만큼은 비록 이 장르가 유해한 것이라 하더라도 인정해주어야 한다는 것이 이발사의 변(辨)이다. 이 변은 비범함의 기준을 끝까지 옹호하고자 하는 변이다.

하지만 책이 종교 재판에 회부된 진짜 이유는 평범해서가 아니라 위험해서이다. 사실 비범하지 않기 때문에 책이 위험한 것은 아니다. 그렇다면 책이란 존재 그 자체가 위험한 것은 아닐까? 조카딸의 근심은 사실 바로 이 존재 자체에 대한 것이 아닐까?

3. 두 세계

먼저 책을 읽고 난 뒤 시골 귀족에게 일어난 변화를 기술하고 있는 다음의 문구를 인용해보자.

> 결국 그는 책을 읽는 데 너무나 열중한 나머지 몇 날 밤을 한숨도 안자고 말똥말똥한 상태로 지새곤 하는 반면 낮에는 완전히 비몽사몽이었다. 이렇게 잠도 안자고 책만 읽다 보니 머릿속이 푸석푸석해지는가 싶더니 결국은 이성을 잃어버리기에 이르렀다. 머릿속이 책에서 읽은 마법 같은 이야기들, 즉 고통과 전투, 도전, 상처, 사랑의 밀어들과 연애, 가능치도 않은 갖가지 일들로 가득 차버린 것이었다. 그는 책에서 읽은 몽환적인 이야기들이 진실이라고 생각했으며, 이 세상에서 이보다 더 확실한 이야기는 없다고 확신하기에 이르렀다. (『돈키호테』, p.40)

오늘날 컴퓨터 게임에 심취한 수많은 마니아들은 돈키호테가 위에서 겪은 것과 동일한 "몽환적인" 상태에 빠져 있는 것이 아닐까? 위의 인용문에 등장하는 '책'의 자리에 '컴퓨터 게임'을 대입해보자. (수정한 부분은 굵은 글씨채로 표기하였다.)

> 결국 그는 **컴퓨터 게임을 하는 데** 너무나 열중한 나머지 몇 날 밤을 한숨도 안자고 말똥말똥한 상태로 지새곤 하는 반면 낮에는 완전히 비몽사몽이었다. 이렇게 잠도 안자고 **컴퓨터 게임만 하다 보니** 머릿속이 푸석푸석해지는가 싶더니 결국은 이성을 잃어버리기에 이르렀다. 머

> 릿속이 **컴퓨터 게임에서 겪은** 마법 같은 이야기들, 즉 고통과 전투, 도전, 상처, 사랑의 밀어들과 연애, 가능치도 않은 갖가지 일들로 가득 차 버린 것이었다. 그는 **컴퓨터 게임에서 겪은** 몽환적인 이야기들이 진실이라고 생각했으며, 이 세상에서 이보다 더 확실한 이야기는 없다고 확신하기에 이르렀다. (『돈키호테』, p.40)

책에 심취한 돈키호테의 이야기는 미디어에 빠진 우리 자신들의 이야기가 아닐까?

책—보다 정확히 말해 스토리—은 하나의 세계를 담고 있다. 이 세계 속에서 "가능치도 않은 갖가지 일들"이 일어난다. 독자는 독서 과정 속에서 자연스럽게 이 세계 속으로 서서히 빠져든다. 시골 귀족은 "책을 읽는 데 너무 열중한 나머지" 이 세계 속에 깊이 몰입한다. 몰입은 독서 행위의 효과라고 할 수 있다. 이 몰입의 세계는 지각을 통해 경험되는 주어진 세계가 아니라 상상을 통해 만들어진 스토리의 세계이다. 이 세계는 물론 현실이 아니다. 그러나 그렇다고 해서 실재하지 않은 것은 아니다. 실재의 개념을 경험에 한정하지 않는다면 현실의 세계든 상상의 세계든 모두 우리의 인지적 조작을 통해 재구축된 세계에 다름 아니기 때문이다. 책의 세계는 인물들에겐 현실로서 실재하는 반면 독자들에겐 비록 현실은 아니지만 여전히 실재하는 세계이다. 이 세계는 독자의 밖에 현실로 존재하지 않지만 독자의 안에, 다시 말해 독자의 머릿속에 생생하게 살아있다. 독서를 시작하는 바로 그 순간 독자는 현실의 세계에서 상상의 세계로 입문하게 되고 독서를 마치는 순간 상상의 세계에서 현실의 세계로 다시 돌아온다. 이 두 세계의 경계를 이처럼 넘나드는 것은 독서의 매우 일반적 과정에 속한다. 그렇다면 돈키호테의 문제는 무엇인가?

4. 독서 행위

조카딸이 우려한, "이 책들 전부"가 할 수 있는 "그런 짓"이란 사실 경계를 허무는 짓이다. 그 결과 시골 귀족은 "책에서 읽은 몽환적인 이야기들이 진실이라고 생각했으며, 이 세상에서 이보다 더 확실한 이야기는 없다고 확신하기에 이른다." 그런데 책의 존재 그 자체가 이 허물어진 경계의 직접적인 원인인가?

미학 비평가인 인가든(Ingarden)에 따르면 대상은 크게 '동질적 대상'(homogeneous object)과 '이질적 대상'(heterogeneous object)으로 나뉜다.(Rimmon-Kenan 1983:118) 전자는 하나로 이루어진 온전한 대상을 가리킨다. 하나의 물리적 실체로 존재하는 대상이 바로 이 대상이다. 예컨대 도서관에 보관된 물리적 실체로서 존재하는 책은 동질적 대상이다. 반면 이질적 대상은 서로 다른 둘이 합해 하나가 된 대상이다. 기호는 물리적 실체와 이 실체에 대한 의식의 참여로 존재하는 이질적 대상이다. 물리적으로 존재하는 것만으로 이질적 대상이 되지 않는다고 하는 점을 강조하자. 이질적 대상이 되기 위해서는 물리적 대상을 포착하는 의식의 참여가 반드시 필요하다. 예컨대 문학 작품이 이질적 대상에 속한다. 도서관에 보관된 책은 물리적 대상으로 존재한다. 그런데 누군가가 이 책을 읽는 바로 그 순간 이 책은 더 이상 물리적 대상이 아니라 하나의 작품으로 포착된다. 책으로서의 작품은 따라서 불완전한 존재이며 독서 활동에 의한 의식의 참여를 수반할 때 비로소 온전한 존재로 성립하게 된다.

인가든의 이러한 관점에서 살펴보면 물리적 대상으로서의 책 그 자체가 문제가 아니라 책을 읽는 독서 행위가 문제가 된다. 바로 이런 이유로 신부와 이발사는 책을 모두 태우는 대신에 서재를 문이 아닌 벽으로 차단할 궁리를 한다.

> 신부와 이발사가 친구의 병을 고치기 위해 내놓은 또 하나의 처방은 돈키호테가 일어나서 책들을 찾지 못하도록 그의 서재에 벽을 쌓아 아예 막아버리는 것이었다. (『돈키호테』, p.93).

그렇다면 우리의 질문은 다음과 같은 형태로 바뀌어야 한다. 왜 독서 활동은 위험한가?

4.1. 책의 세계를 재구축하는 독서

독서 활동이란 요컨대 책의 세계를 구축하는 작업이다. 서술된 세계는 불충분한 세계이다. 작가는 이야기하고자 하는 이야기를 완벽하게 이야기할 수 없다. 또한 완벽하게 이야기해야지만 독자가 이해할 수 있는 것도 아니다. 우리는 하나에서 열 가지 다 말하지 않더라도 말하는 사람의 의도를 충분히 파악할 수 있는 능력을 가지고 있다. 이 능력이 독서 능력이다. 이 능력으로 우리는 작가가 다 이야기하지 않더라도 그가 구상하고 있는 세계를 재구축할 수 있다. 바로 이러한 방식으로 주막집 주인은 비록 책에서 읽을 수는 없더라도 편력가사가 왜 돈을 가지고 다니는지를 돈키호테에게 자세하게 설명한다.

> 마지막으로 돈을 좀 가지고 있느냐고 묻자 돈키호테는 자기가 읽은 이야기에선 그 어떤 편력기사도 돈을 지니고 다니지 않기 때문에 자신도 동전 한 닢 없다고 대답했다. 그러자 돈키호테를 속인 주막집 주인은 그것이 책에 쓰여 있지 않은 것은 편력기사들이 깨끗한 속옷과 돈을 챙겨가지고 다니는 것이 너무나 당연하고 또 너무나 필요한 일이기 때문에 작가들이 구태여 쓸 필요가 없었기 때문이라고 말했다. 따라서

편력기사들이 돈을 가지고 다니지 않는다고 생각해서는 안 된다고 했다. 그는 또한 책에 나오는 모든 편력기사들은 그들에게 일어날 일에 대비해서 자루 속에 돈을 잔뜩 넣고 다녔음이 분명하다고 덧붙이며 속옷 몇 벌과 상처를 치료하는 데 쓸 연고가 가득 든 작은 상자도 가지고 다녔다고 말했다. 현명한 마법사 친구라도 있어서 한 방울만 마셔도 종양이든 상처든 즉각 치료할 수 있는 약병을 지닌 처녀나 난쟁이를 바람에 실려 오는 구름에 태워 보내줄 수 있는 상황이 아닌 데다, 기사들이 들판이나 사막에서 싸우다가 상처를 입는 경우에 항상 치료해줄 사람이 곁에 붙어 있는 것도 아니기 때문이라고 설명했다. 옛날에는 기사들이 종자들을 시켜 돈과 치료에 쓰기 위한 실과 연고 같은 물품들을 가지고 다니게 하는 것이 당연한 일이었다는 말도 했다. (『돈키호테』, p.56)

편력기사가 돈을 가지고 다닌다는 사실이 책에 쓰여 있지 않은 이유는 돈을 실제로 가지고 다니지 않아서가 아니라 돈을 가지고 다닌다는 것이 "너무나 당연하기" 때문이라는 것이 주막집 주인의 주장이 갖는 논리이다. "너무나 당연하다"는 이 논리가 설득력이 있어 보이는 이유는 우리의 경험에 비추어 볼 때 그러할 수밖에 없기 때문이다. 돈키호테는 바로 이 당연한 논리에 결국 설득 당한다. 책의 세계는 이처럼 책에서 읽을 수 있는 것뿐만 아니라 책에서 읽을 수 없는 것들을 통해 재구축된다. 독자는 책에서 읽을 수 없는 것들을 책 밖에서 얻을 수밖에 없다. 여기서 책의 밖이란 독자가 거주하는 세계를 가리킨다. 독서 활동이란 독자와 책과의 상호작용을 가리킨다. 독자의 개입은 단순히 한 독자 개인의 개입이 아니라 독자가 거주하는 세계의 개입을 뜻한다. 독자의 세계란 독자가 생각하고 판단하고 행동하는 책 밖의 경험의 세계이다. 이와 같이 책 안의 세계는 책 밖의 세계의 보충적 개입을 통해 재구축된다.

4.2. 현실의 세계를 재구축하는 독서

흥미롭게도 돈키호테는 정 반대의 방향에서 독서 활동을 수행한다. 그는 그가 속한 세계의 관점에서 책의 세계를 이해하고자 하는 것이 아니라 책의 세계의 관점에서 그가 속한 세계를 바라보고 바로 잡고, 그 의미를 이해하고자 한다. 『오리엔탈리즘』에서 사이드(Said)는 이러한 행동 방식을 "텍스트 의존적인 태도로"[18]로 규정한 바 있다. 그에 따르면 사람들은 다음과 같은 두 가지 경우에 이러한 태도를 취하게 된다고 한다. 하나는 전에 직접 경험해 보지 못한 새로운 상황에 직면하게 될 경우이다. 이 경우 사람들은 다른 사람의 경험담을 토대로 자신이 겪게 될 새로운 상황에 대비한다는 것이다. 여행기나 안내서가 만들어지는 이유는 바로 여기에 있다. 새로운 상황 속에서 불확실한 일들에 직면하게 될 경우 사람들은 마음의 평정을 잃어버릴 수 있다. 사이드에 따르면 사람들은 이때 "텍스트에 의존하는 경향"[19]을 보인다. 다른 하나는 텍스트 의존적인 태도가 실제로 성공했을 경우이다. 이러한 성공은 실제의 상황보다도 텍스트에 더 많은 권위를 부여하게 한다. 그 결과 사이드가 "서사적 실재론"[20]이라고 명명한 이데올로기가 형성된다. 돈키호테는 바로 이 서사적 실재론을 옹호한다. 반면 사이드는 이러한 철학적 태도를 다음과 같이 비꼰다.

---

18 사이드, p.171.

19 사이드, p.172.

20 사이드, p.161.

> 16세기의(또는 오늘날의) 스페인을 이해하기 위하여 『아마디스 데 가울라』를 이용해서는 안 될 것이다. 이는 영국 하원을 이해하기 위하여 『성서』를 이용하지 않는 것과 같다. 그러나 현실적으로 과거에도 지금도 사람들은 너무나도 단순한 사고방식으로 텍스트를 이용하여 왔으며, 그런 만큼 『캉디드』나 『돈키호테』가 오늘날에도 우리의 독자를 끌고 있다. 인간적인 것과 직접 만나서 방향을 상실하는 것보다도, 도리어 텍스트의 도식적인 권위를 더 좋아한다는 것은 인간에게 보편적인 결점으로 생각된다. 그러나 과연 이러한 결점은 영원히 존재하는 것일까? 아니면 특히 텍스트 의존적인 태도가 지배적일 수 있는 특수한 조건이 존재하는 것일까? (사이드, 172).

사실 여기서 문제되는 것은 텍스트를 "이용하는" 것이지 "이해하는" 것은 아니다. 텍스트를 이해하고자 하는 노력은 텍스트에 대한 비판적 태도를 함의한다. 이러한 태도를 견지한다면 우리는 얼마든지 낯선 지역을 여행하기 전에 이 지역에 관한 정보를 참조할 수 있으며 다행히 이 정보가 정확하여 텍스트에 대한 우리의 신뢰가 쌓인다고 해서 하등의 문제가 될 것은 없다. "텍스트 의존적 태도가 지배적일 수 있는 특수한 조건 속에서" 텍스트 의존적인 태도를 보이는 것은 사이드가 한탄하고 있는 것처럼 "인간에게 보편적 결점"일 수도 있지만 인간에게 고유한 인지적 태도일 수도 있다. 우리는 돈키호테에 대한 사례 분석을 통해 텍스트 의존적 태도가 견지하고 있는 인지적 메커니즘의 몇 가지 특성들을 제시하고자 한다. 텍스트 의존적 태도는 현실을 텍스트로 읽는 태도이다. 다시 말해 현실을 텍스트화 하는 것이다. 우리는 이 과정을 다음의 세 가지 관점에서 기술하고자 한다.

- 상상적 효과
- 현실의 플롯 만들기
- 현실의 의미 이해

4.2.1. 상상적 효과

바르트는 누보로망에서 찾아볼 수 있는 불필요해 보이는 장면에 대한 세부 묘사를 '실재의 효과' (effet de réel)' 라는 용어로 설명한다. 돈키호테는 현실 속에서 책의 세계를 발견한다. 이 발견을 '상상의 효과' (effet imaginaire)에 의한 것으로 가정해보자. 실재의 효과가 소설 속에 소설 같지 않은 세부묘사가 이루어질 때 발생한다면 상상의 효과는 현실 속에 현실 같지 않은 장면이 연출될 때 발생한다고 할 수 있다. 현실이 텍스트화 되는 과정 속에서 이 효과가 발생한다. 다음의 예문을 살펴보자.

> 주막집 문가에는 젊은 창녀 둘이 서 있었다. 그녀들은 마부 몇 명하고 세비야로 가는 길에 그날 밤 우연히 그 주막에 묵게 된 참이었다. 우리의 모험가 돈키호테에게는 생각하거나 눈으로 보거나 상상하는 모든 것이 현실이자 책에서 읽은 그대로였기 때문에 주막을 보자마자 성이라고 생각했다. 은빛 찬란한 사면의 첨탑들, 깊은 해자가 딸린 개폐교 등 그야말로 그림 속에서 보아온 것들과 비슷한 성이었다. (『돈키호테』, pp.47~48).

현실이 "책에서 읽은 그대로" 같아 보일 때 상상의 효과가 촉발된다. 지젝은 TV를 통해 방영된 9.11 테러 장면 속에 할리우드 영화의 한 장면이 연상된다고 하는 예리한 지적을 한 바 있다. 그는 이러한 연상의 효과를 라캉의 용어를 빌려 "실재적인 현실"[21]이라고 부른다. 그의 글을 인용해보자.

> 거의 대부분의 대중들한테는 세계무역센터(WTC)의 폭발이 TV 스크린에 나오는 사건들이었다. 또한 우리가 붕괴되는 고층빌딩에서 피어오른 거대한 먼지구름 앞에 설치된 카메라 쪽을 향하여 달려오는 깜짝 놀란 사람들의 화면을 여러 번 반복된 쇼트로 봤을 때, 그 쇼트 구성 자체는 대재난 영화의 웅장한 쇼트를 생각나게 해주지 않았을까? 그것이 다른 모든 것을 능가하는 특수효과가 되는 까닭은, 제레미 벤담이 이미 알고 있듯이, 현실 그 자체의 가장 훌륭한 외관이기 때문이다.
> 그리고 할리우드의 대재난 영화에 관해서는 세계무역센터의 공격이 스너프 포르노 대 보통의 가학 - 피학성 포르노 영화의 관계와 비슷하지 않았을까? 이것은 비행기에 충돌하는 WTC빌딩이 최후의 예술작품이라고 했던 칼-하인즈 스톡하우젠의 자극적인 진술 속에 들어 있는 진실의 요소이다. 우리는 WTC 빌딩의 붕괴를 20세기 예술의 "실재계에 대한 열정"의 클라이맥스 같은 끝맺음으로 인식할 수 있는데, "테러리스트" 그 자신들은 주로 실제적이고 구체적인 손상을 가져오기 위해 그것을 해내지 못했고 오히려 그것의 극적인 효과를 일으켰던 것이다. 2001년 9월 11일 이후의 며칠 동안 우리의 시선이 WTC빌딩에 충돌하는 비행기의 이미지에 고정되었을 때, 우리는 모두 쾌락의 원칙을 넘어선 "반복강박"과 향락(juissance)에 대한 경험을 강요당하고 있었다.(지젝, 2003:39-40)

---

21 지젝(2003), p.39.

돈키호테에게 현실은 끊임없이 "극적인 효과"를 불러일으키는 "향락"의 원천이 아니었을까? 현실의 세계가 상상의 세계와 오버랩 될 때 바로 이와 같은 극적 혹은 상상의 효과가 발생한다. 이 효과에 의해 사이드가 말한 "서사적 실재론"이 더욱 강화된다.

4.2.2. 현실의 플롯 만들기

그런데 현실을 텍스트로 읽는다는 것은 단지 현실을 텍스트로 착각한다는 것을 가리키는 것만이 아니다. 책의 세계의 관점에서 현실의 세계를 이해한다는 것은 책의 관점에서 현실을 바라보고 책의 방식에 따라 현실의 문제를 해결한다는 보다 적극적인 의미를 담고 있다. 이는 곧 현실에 플롯을 부여하는 행위이다. 이 행위를 통해 현실 속에서 우연히 발생한 사건은 필연적인 것으로 재해석된다.

첫 출정을 앞둔 돈키호테의 포부가 잘 묘사된 다음의 문구는 바로 이러한 과정을 잘 예시해준다.

> 모든 준비를 갖추고 나자, 씻어버려야 할 불명예, 바로잡아야 할 부정, 고쳐야 할 무분별한 일, 개선해야 할 폐단과 해결해야 할 부채가 있는 이상 하루라도 지체하는 건 세상에 대한 손실이라는 생각이 그를 괴롭혔으므로, 자신의 의지를 실천에 옮기는 데 더 이상 머뭇거리고 싶지 않았다. 그래서 무더운 7월의 어느 날 동도 트기 전에 로시난테에 올라탔다. 자기 생각을 어느 누구에게도 알리지 않은 그는 조잡한 투구를 쓰고, 방패를 들고, 창을 거머쥔 채 마당 뒷문을 통해 들판으로 나갔다. 자신이 그토록 원했던 것이 너무나 쉽게 이루어진 게 무척이나 만족스럽고 기뻤다. (45)

현실을 텍스트화 하는 것은 현실에 플롯을 부여하는 행위이다. 이 플롯에 따라 현실 속에 발생한 모든 일들이 위의 예문에서와 같이 해결되어야 하는 하나의 문제로 등장한다.

4.2.3. 현실의 의미 이해

현실을 플롯으로 재구성한다는 것은 또한 현실을 이해하는 행위이다. 무르시아로 비단을 사러 가는 톨레도의 상인들을 만나 몰매를 맞고 난 뒤 돈키호테는 자신이 처한 참담한 상황을 "편력기사에게 으레 일어나는 불행이라고 여기고 기꺼이 감수하고자 한다."[22] 그는 현실을 텍스트화함으로써 비로소 현실을 이해할 수 있게 된다.

> 돈키호테는 사실상 옴짝달싹할 수 없음을 깨닫고는 평소에 하던 대로 했으니, 책에서 읽은 대목을 떠올리는 것이었다. 그리하여 그의 광기가 카를로토에게 상처입고 산중에 버려졌던 발도비노스와 만투아 후작의 이야기를 기억해냈다. 이 이야기는 아이들도 알고 젊은이들도 모르는 이가 없었으며, 노인들조차도 재미를 넘어서서 심지어 사실이라고 믿었으니, 마호메트가 행한 기적만큼이나 허황했다. 돈키호테는 이 이야기야말로 지금 자신이 처한 상황과 꼭 맞아떨어진다고 생각했다. 그리하여 격한 감정을 쏟아내며 땅바닥에서 버둥거리더니 꺼져가는 듯한 숨을 몰아쉬며 상처 입은 숲의 기사의 대사를 그대로 흉내 내어 읊기 시작했다. (『돈키호테』, pp.73~74).

---

22 『돈키호테』, p.72.

우리는 『돈키호테』 속에서 이와 같은 사례를 얼마든지 찾아볼 수 있다. 예컨대 불에 타 없어진 자신의 서재 앞에서 돈키호테는 이 황당한 현실을 자신의 원수의 소행으로 규정함으로써 비로소 수용한다.

> "악마가 아니라 마법사였어요. 삼촌이 집을 떠나신 후 어느 날 밤에 그 마법사가 구름을 타고 나타났어요. 마법사는 뱀 등에서 내려오자마자 곧장 서재로 들어갔지요. 그 안에서 무엇을 했는지는 몰라요. 잠시 후 그 마법사는 서재에서 나와 천장으로 날아 가버렸어요. 집은 온통 연기로 뒤덮여버렸고, 저와 아주머니가 기억하는 거라고는, 그 사악한 늙은이가 떠나면서 큰 소리로 저 책과 서재의 주인에게 말 못할 원한을 품고 있어서, 이 집에 잠시 후 우리가 맞닥뜨릴 해악을 끼치고 간다고 한 거예요. 자신은 현인 무냐톤이라고 했어요
> "프레스톤이라고 했겠지"
> 돈키호테가 정정했다.
> "모르겠어요. 프레스톤인지 프리톤인지 잘은 모르겠지만 이름 끝 자가 톤으로 끝난 건 확실해요"
> 가정부가 대답했다. (『돈키호테』, pp.93~94)

> "내가 확신하건대, 아니 이건 사실이다만 내 서재와 장서들을 훔쳐간 현자 프레스톤이 나의 영광을 앗아가고자 이 거인들을 풍차로 둔갑시켜버린 것이다." (『돈키호테』, p.102)

돈키호테의 독서 활동은 책의 세계를 구축하는 작업이 아니라 현실의 세계를 재구축하는 작업이다. 인가든의 용어를 빌어 표현하자면 돈키호테에게 현실의 세계는 동질적 대상이 아니라 독서 활동을 통해 보

충되어야 하는 이질적 대상이다. 책의 세계가 현실 세계의 보충적 개입에 의해 완성되어가듯 현실 세계 역시 책의 세계의 보충적 개입에 의해 완성되어야 한다.

책의 세계와 같이 현실의 세계도 모든 것이 다 쓰여 있는 텍스트가 아니다. 이 텍스트를 이해하고자 하는 것은 이 텍스트 속에 쓰여 있는 것뿐만 아니라 쓰여 있지 않은 것들까지도 고려해야 하는 작업이다. 돈키호테에게 현실의 텍스트 속에 쓰여 있지 않은 것은 그가 처한 현실의 의미이다. 그는 이 의미를 이 텍스트 밖에서, 다시 말해 그가 읽은 책에서 찾는다. 독서의 일반적 과정이 독자가 경험한 세계의 관점에서 책의 세계를 이해하는 것이라면 돈키호테의 독서 과정은 그가 읽은 책의 세계의 관점에서 현실의 세계를 해석하는 것이다. 서로 방향이 다를 뿐 인지적 관점에서 볼 때 이 두 과정은 정확하게 대칭적이다.

독서 활동을 통해 한편으로 허구가 현실에 의해, 다른 한편으로 현실이 허구에 의해 보충된다. 책을 읽는 것은 두 세계간의 보충적 상호작용을 촉발시키는 행위이다. 이 행위로 인해 현실과 허구의 경계선은 흐릿해진다. 현실의 개입 없이 허구를 해석할 수 없고 허구의 개입 없이 현실을 이해할 수 없다. 세상을 읽든 책을 읽든 독서 활동이란 이 두 세계의 결핍을 상보적으로 보충함으로써 결국 이 두 세계의 경계를 횡단하는 작업에 다름 아니다. 조카딸은 이 작업을 위험한 작업으로 인식하고 있다. 이 위험한 작업에 착수하는 것은 일종의 모험을 감수하는 것이다. 돈키호테는 자신이 읽은 책을 바탕으로 자신이 살고 있는 세계를 이해하고 해석하고자 한 특별한 - 즉, 극단적인 - 독자라고 할 수 있다. 『돈키호테』가 세상에 대한 독서이자 비평이자 풍자인 이유는 바로 여기에 있다.

5. 책 속의 책 『맨오브라만차』는 이야기 속에 이야기를 담고 있다. 우리가 읽고 있는 책 『돈키호테』 속에 이 책의 저자 세르반테스의 또 다른 작품 『갈라테아』가 등장한다. 『맨오브라만차』의 세르반테스는 모의 법정에서 자신의 작품으로 자신의 무죄를 변론한다. 『갈라테아』 역시 비평의 법정 앞에서 판결을 기다린다. 다행히 문학성이 입증된 책만이 무죄 방면되는 것은 아니다. 『갈라테아』는 다음과 같은 이유로 인해 화형을 면하게 된다.

> "그 세르반테스란 작가는 나하고 오래 전부터 사귄 친구인데, 그 친구는 시보다는 불행에 더 익숙한 사람입니다. 그 친구가 지은 책은 기발한 생각들이 약간 들어 있기는 하지만, 시작만 해놓고 결론이 없단 말이죠. 혹시 고칠 곳을 고치면 지금은 안 되지만 장차 우리의 총애를 받을 수 있을 것입니다. 그동안 선생의 방에 놓아두세요."(『돈키호테』, p.89)

미완의 작품이기 때문에 이 작품의 작품성에 대한 판단이 보류되고 재판은 연기된다. 돈키호테가 아직 모험을 시작하기 전에 등장하는 위의 인용문은, 미완의 상태로 남겨져 있는 것이 사실 『갈라테아』 작품이 아니라 독서 행위 그 자체라는 것을 암시하고 있는 것이 아닐까? 독서 행위를 마치고 나면 우리는 어쩌면 『맨오부라만차』의 죄수들처럼 이 책을 "총애"하게 될 수 있을지도 모른다. 그렇다면 위에서 세르반테스는 "오래 전부터 사귄" 자신의 친구인 신부의 말을 빌려 독자들을 자신의 작품 속으로 초대하고 있는 것이 아닐까?

6. 에필로그 – 다시 이야기하기

어떤 사람이 자신이 읽거나 들은 이야기를 다른 사람에게 다시 이야기하는 경우를 상상해보자. 그리고 이 사람이 거의 완벽에 가까운 기억력을 가지고 있다고 가정해보자. 그는 이야기 속에 등장하는 모든 인물들의 이름과 그들의 성격, 그리고 그들이 겪게 될 온갖 역경들을 정확하게 기억하고 있다. 요컨대 그는 '무슨' 이야기를 해야 할지를 정확하게 알고 있다. 이제 이 초기 조건에 추가로 몇 가지 제약들을 가해보자. 이 제약들은 '무슨' 이야기를 할 것인가가 아니라 '어떻게' 이야기할 것인가와 관련된 것들이다. 이 새로운 제약 조건 속에서 우리의 완벽한 화자는 과연 '어떻게' 이야기할 것인가?

첫째, 시간의 제약. 화자에게 먼저 시간을 달리 하여 두 번 이야기할 것을 주문해보자. 예컨대 그는 한번은 한 시간 이내에, 다른 한번은 십 분 이내에 이야기해야만 한다. 이 과업을 수행하는 데 그의 완벽에 가까운 기억력은 우리가 보기에 그렇게 큰 도움이 될 것 같지 않다. 그가 해결해야할 문제는 정해진 시간 이내에 자신이 하고자 하는 이야기를 모두 이야기하는 것이다. 여기서 '모두' 는 그가 기억하고 있는 이야기의 '전부' 를 가리키지 않는다. 그는 필연적으로 이야기의 어떤 부분은 강조하고 어떤 부분은 생략할 것이다. 그의 선택 기준은 무엇인가?

필경 그는 이야기를 구성하는 사건들의 중요성에 착안하여 나름대로 합리적인 결정을 내리고자 노력할 것이다. 흥미롭게도 『돈키호테』를 원작으로 하는 『맨오브라만차』는 돈키호테가 겪은 온갖 모험들을 모두 다 이야기하지 않는다. 대신 수많은 모험들 가운데 사람들이 돈키호테란 이름을 들으면 쉽게 떠올릴만한 가장 전형적인 모험담, 예컨대 풍차와의 결투장면이나 성으로 착각한 주막에서의 난투극, 기사작위 수여식 등만을 보여준다. 시간적인 한계를 극복하기 위해 전형적인 사례 제시뿐만 아니라 작품에 대한 보다 적극적인 해석이 이루어지기도 한다. 이러한 해석을 통해 우리는 전혀 새로운 작품을 만나기도 한다. 앞에서 우리가 분석한 대로 종교 재판 이야기를 중심으로 제작된 『맨오브라만차』는 원작 『돈키호테』 속에 등장하는 책에 대한 재판 이야기를 소재로 새롭게 각색한 것이다. 하나의 소재를 발굴해 작품 전체를 대표하게 하는 이러한 환유적인 해석은 제한된 시간 속에서 효과적으로 이야기하는 매우 창의적인 발상에 해당한다.

시간적인 제약 하에 이야기하고자 하는 이야기를 모두 이야기하기 위해서는 이처럼 원작에 대한 새로운 해석과 접근이 필요하다. 이 과정 속에서 원작 스토리의 내용뿐만 아니라 그 서술 방식이나 시점의 구성에 있어서도 많은 변화가 필연적으로 뒤따른다.

둘째, 공간의 제약. 우리의 화자에게 한번은 집에서, 다른 한번은 무대에서 이야기할 것을 권해보자. 집은 사적인 공간이다. 그는 이야기하다가 잠시 쉴 수도 있고 다른 날로 이야기하는 것을 미룰 수도 있다. 그는 편안한 마음으로 사적 공간에서 이야기하다가 중간에 혹 질문을 받더라도 당황하거나 어색해하지 않을 것이다. 반면 무대는 공적인 공간이다. 그는 미리 작성한 대본에 따라 단어의 선택에도 신경을 써가며 이야기할 것이다. 이 과정에서 질문을 받게 된다든지 누군가가 큰 목소리로 통화한다든지 하게 되면 우리의 화자는 매우 당혹해 할 것이다. 소설을 쓰는 작가에게 자신이 쓴 소설이 어디에서 읽혀질 것인가는 크게 중요하지 않다. 반면 뮤지컬 감독에게 자신이 연출한 작품이 어느 무대에서 공연될 것인가는 매우 중요하다. 스케일이 비교적 큰 『맨오브라만차』를 대학로의 한 소극장에서 연출할 수는 없을 것이다.

셋째, 대화자의 제약. 화자에게 한번은 대학생들을 상대로, 다른 한번은 초등학생들을 상대로 이야기할 것을 권해보자. 여기서 '어떻게'

이야기할 것인가는 '누구'에게 이야기할 것인가란 문제로 탈바꿈한다. '누구에게' 이야기할 것인가는 다시 이 '누군가'의 독해 능력과 관련된 문제이다. 가령 초등학생들을 상대로 이야기할 경우 너무 어려운 내용은 알아듣기 쉽게 새로 고쳐야 하며, 교육적 관점에서 혹시 문제의 소지가 있는 내용은 가급적 피해야 할 것이다. 가령 『돈키호테』를 뮤지컬로 만드는데 이번에는 초등학생들을 대상으로 만든다고 상상해보자. 우리는 전혀 다른 형태의 『맨오브라만차』를 만나게 될 것이다. 대학생들을 상대로 이야기할 때에도 그들의 수준과 기대에 맞게 이야기의 내용을 각색할 필요가 있다. 누구에게 이야기할 것인가란 이처럼 수용 집단과 관련된 문제이다. 책의 수용자는 독자이며, 뮤지컬의 수용자는 관객이고, TV의 수용자는 시청자이다. 이들은 모두 각기 다른 기대 지평을 갖고 듣고 본 이야기를 향유한다. 요컨대 독자는 소설이 무엇인지, 무대를 찾는 관객 역시 뮤지컬이 무엇인지를 잘 알고 있다. 작가와 감독은 이러한 수용 집단의 기대 지평을 충분히 고려해 작품을 쓰고 해석해야만 한다.

우리는 앞으로 이 문제를 장르와 결부시켜 논의하고자 한다. 독자가 어떤 텍스트를 이해하고자 할 때 무엇보다도 이 텍스트가 어떤 장르의 텍스트인가를 아는 것은 매우 중요하다. 우리는 소설을 소설로 읽으며 신문기사를 신문기사로 읽는다. 만약 『아마디스 데 가울라』를 읽고 누군가가 이를 허구 이야기가 아닌 사실로 받아들인다면 그는 필경 돈키호테처럼 행동하게 될 것이다. 반대로 신문기사를 소설로 착각하고 허구적으로 해석한다면 그는 편집증 환자가 될 것이다. 『돈키호테』를 읽는 독자와 『맨오브라만차』를 관람하는 관객도 서로 다른 독해 능력과 기대지평을 가지고 각각의 작품을 이해하고 감상하는 것이다.

넷째, 매체의 제약. 계속해서 화자에게 자신이 들은 이야기를 한번은 글로, 다른 한번은 영상으로 이야기할 것을 주문해보자. 이제 그가 해결해야 할 문제는 이야기의 전달 매체와 관련된 문제이다. 소리에서 문자로, 언어에서 영상으로 매체가 바뀜에 따라 이야기의 표현 방식뿐만 아니라 표현 가능성 그 자체가 변하게 된다. 그는 매체가 허용하는 이러한 새로운 가능성을 충분히 고려하여 이야기를 해야 할 것이다. 예컨대 소설 속의 묘사가 아무리 사실적이라고 하더라도 영화에서 표현된 이미지만큼 생생할 수는 없다. 너무나 생생하기 때문에 상상의 가능성은 그만큼 제한된다. 반면 소설은 상상의 가능성에 제한을 두지 않는다. 우리는 『돈키호테』를 읽으며 돈키호테의 모습을 자유롭게 상상할 수 있다. 반면 스크린에 등장하는 돈키호테를 보는 순간 더 이상의 상상의 자유는 허용되지 않는다. 배우와 관객 사이에 스크린이 존재하지 않는, 혹은 보이지 않은 스크린만이 존재하는 뮤지컬이나 연극 무대 위에서 연출되는 장면은 영화보다 더욱 생동감 있게 관객에게 전달된다. 감독은 매체의 이러한 다양한 가능성이 제공하는 극적 효과를 극대화하기 위해 심사숙고해야 한다.

이렇게 제약 조건들을 계속해서 하나하나 추가해 나갈 경우 우리는 우리의 화자가 자신이 정확하게 기억하고 있는 이야기를 여전히 원래 모습 그대로 이야기하고 있다고 말 할 수 없을 것이다. 다시 이야기한다는 것은 결국 다르게 이야기한다는 것이다. 들뢰즈의 적절한 표현을 빌리자면 파생 콘텐츠란 원형 콘텐츠를 끊임없이 반복하면서 결국 지속적로 차이를 만들어내는 것이 아닐까?

2

작가의 말

— 언어 텍스트 분석

서사로 읽는 서사학

2

작가의 말

언어 텍스트 분석

1. 텍스트의 의미 다음은 김훈의 『강산무진』에 소개된 짤막한 「작가의 말」이다.

작가의 말

교정 원고를 겨우 읽었다. 내 팔목을 움직여서 쓴 글이었다. 서둘러 이사를 해야겠다고 생각했다.

벗들아, 이제 헤어져야 할 시간이다. 늙은 江의 下流에서 나는 너무 오랫동안 주저앉아 있었다. 그러므로 벗들아, 이제 헤어지자.

나는 江을 거슬러서 상류로 가려 한다. 모든 낱말과 시간이 다시 새롭게 태어나는 그 始原의 물가로.

2006년 봄에,
김훈은 쓰다.

작가는 「작가의 말」을 통해 우리에게 무엇을 말하고 있는가? 이 말의 뜻을 우리 독자의 말로 바꾸어 풀이해보자.

> 마침내 한 작품이 완성되었다. 그러나 여기에 주저앉아 있을 순 없다. 또 하나의 작품을 위해 나는 새로운 마음으로 다시 시작해야 한다.

옛 것을 잊고 새 것을 찾아 떠나는 작가의 심경이 「작가의 말」 속에 고스란히 담겨있다. 작가는 이 글쓰기의 끊임없는 여정을, 하류에서 상류로 강을 거슬러 올라가는 일종의 항행(航行)의 이미지로 형상화하고 있다. 강의 하류는 "늙은" 모습을 띠고 있는 반면 상류는 "낱말과 시간이 새롭게 태어나는 시원의 물가"로 묘사되어 있다. "늙은"과 "새롭게"란 두 단어의 의미론적 대립에 의해 「작가의 말」 속에 담겨 있는 주제 의식이 잘 표현되어 있다.

그런데 글쓰기의 과정을 이처럼 항행의 이미지로 채색한 이 잘 짜여진 짤막한 텍스트 속에서 "서둘러 이사를 해야겠다고" 하는 작가의 말은 언뜻 우리에게 다소 불필요한 사족처럼 느껴진다. 이 느낌에도 불구하고 독자인 우리는 계속해서 다음과 같이 자문해볼 필요가 있다. 작가는 왜 여기서 "이사를 해야겠다고" 스스로에게 다짐하고 있는가?

이 물음에 답하기에 앞서 우리는 '이사란 무엇인가?'란 다소 엉뚱한 질문을 먼저 던져보고자 한다. 이 질문이 다소 엉뚱해 보이는 이유는 사실상 이 질문이 그렇게 좋은 질문 같아 보이지 않기 때문이다. 우리는 누구나 다 이사란 말이 무엇을 뜻하는지 너무나 잘 알고 있다. 이처럼 이미 그 답을 잘 알고 있는 질문을 과연 해볼 필요가 있겠는가? 그럼에도 불구하고 이 질문은 이 텍스트의 의미를 보다 깊이 이해하는 데 매우 필요한 질문이다. 우리가 잘 알 수 없는 것을 설명하기 위해서는 우리가 이미 잘 알고 있는 것에서 출발해야 한다. 누구나 다 잘 알고 있는 것처럼 이사란 오래 산 집에서 새로 살 집으로 이삿짐을 옮기는 행위를 가리킨다. 우리는 먼저 이 정의 속에 등장하는 "오래"와 "새로"란 두 부사의 의미론적 대립에 주의를 환기시키고자 한다. 이 대립은 하류와 상류를 각각 표현하고 있는 "늙은"과 "새롭게"란 두 단어의 의미론적 대립에 정확하게 상응한다. 위의 텍스트 속에 오래 산 집이나 새로 살 집에 대한 구체적인 묘사나 표현이 등장하고 있는 것은 아니지만 그럼에도 불구하고 이 두 집의 각기 다른 두 속성이 보여주고 있는 의미론적 대립은 우리가 잘 알고 있는 이사의 개념 속에 분명한 형태로 존재한다. 이 개념을 바탕으로 우리는 이미 쓴 작품을 떠나 새로 쓸 작품을 향해 가는 글쓰기의 여정을 얼마든지 이사에 비유해볼 수 있다. 이사의 이미지는 따라서 「작가의 말」에 덧붙여진 불필요한 사족이 아니라 이 텍스트의 의미론적 응집성을 더욱 강화시켜주는 소재이다. 예컨대 이 이미지는 두 번째 문단에 두 번 등장하고 있는 "벗들아, 이제 헤어지자"란 문장의 의미를 보다 잘 이해하고 해석하는 데 도움을 준다. 「작가의 말」은 작가가 독자 앞에서 스스로에게 다짐을 하고 있는 텍스트이다. 이 텍스트 속에서 "벗들"은 독자를 가리킨다. 이 벗들은 마치 오래 산 집의 이웃과도 같은 존재들이다. 새로 살 집으로 이사 가기 전에 그동안 정들었던 이웃에게 인사하는 것이 이사의 관례에 속한다는 점을 상기한다면 이처럼 "벗들"은 또한 이웃을 가리킨다고 할 수 있다. 하류에서 상류로 거슬러 올라가는 항행의 이미지만으로는 벗들과의 이러한 헤어짐을 잘 설명할 수는 없을 것이다. 이런 점에서 이사의 이미지가 항행의 그것보다 더 온전하게 글쓰기의 여정을 잘 형상화하고 있다고 하겠다. 「작가의 말」을 통해 작가가 하고자 하는 말의 뜻을 아래의 두 은유적인 표현으로 간략하게 요약해보자.

- 글쓰기는 이사다.
- 글쓰기는 항행이다.

이사든 항행이든 모두 이동을 표현한다. 글쓰기는 머무는 것이 아니라 이동하는 것이다. 정적인 것이 아니라 동적인 것이다. 낡은 것을 버리고 새 것을 취하고자 다시 떠나는 여행이 바로 글쓰기의 과정이다. 이 끊임없는 여정이 "김훈은 쓰다"란 말 속에 함축적으로 표현되어 있다. 보조사 "은"은 작가 김훈을 강조하고 있으며 활용이 안 된 동사 "쓰다"는 글쓰기의 이념만을 표현한다. 이 이념이란 텍스트 속에 표현된 지속적인 과정으로서의 글쓰기를 가리킨다. 위의 두 은유적 표현을 레이코프(Lakoff)와 존슨(Johnson)이 예시한 개념적 은유로 제시하면 다음과 같다.

- 인생은 여행이다. (Life is a journey)

물론 여기서 인생이란 작가 김훈의 인생을 가리키며 여행이란 글쓰기의 끊임없는 여정을 나타낸다고 할 수 있다. 「작가의 말」은 이 개념적 은유의 한 이형에 속한 텍스트라고 할 수 있다.

우리는 지금까지 김훈의 「작가의 말」을 특별한 이론적 도구의 도움 없이 분석하였다. 문학 비평에서는 이러한 유형의 분석을 주제 비평이라고 부른다. 특별한 절차나 방법 없이 주제 중심으로 이루어지는 이 비평의 방식은 주로 비평가의 자질에 의존하는 경향을 보인다. 자칫 주관적이란 오명을 벗어버리기 위해 비평가는 비평에 앞서 잘 정의된 개념적 도구와 효과적인 분석 절차를 마련할 필요가 있다. 텍스트 차원에서 제기되는 의미의 문제를 다루는 텍스트 의미론은 이런 점에서 텍스트의 주제 분석에 필요한 효과적인 지침을 제공해준다. 우리는 특별히 텍스트 의미론의 의소 분석 방법론과 주제화 그래프를 소개하고 이 두 모델에 따라 앞에서 분석한 「작가의 말」 텍스트를 다시 분석해 보고자 한다.

2. 의소와 주제화 그래프

텍스트 의미론은 앞에서 간략하게 소개한 대로 텍스트 차원에서 제기되는 의미의 문제를 처리하는 의미론의 한 분야이다. 의미론은 의미를 연구 대상으로 삼고 있는 언어학의 하위 학문 분야를 가리킨다. 의미론은 분석 층위에 따라 세분된다. 전통적으로 형태론은 단어의 구조를, 통사론은 문장의 구조를 다룬다. 형태론이 단어에 머물고 통사론이 문장을 벗어나지 않는 반면에 의미론은 여러 층위에 걸쳐 있다. 그 이유는 필경 의미의 문제가 단 하나의 층위에 국한되어 있지 않기 때문일 것이다. 단어 차원에서 제기되는 의미는 단어 의미론이, 문장 차원에서 제기되는 의미는 문장 의미론이 각각 책임을 맡고 있다. 오늘날 언어학의 분석 대상이 문장 차원을 넘어 텍스트 차원으로 확장됨에 따라 자연스럽게 텍스트 차원에서 의미의 문제가 제기되기 시작하였다.

첫째, 텍스트의 의미 단위를 어떻게 정의할 것인가?
둘째, 이 단위를 어떻게 기술할 것인가?

텍스트 의미론에서는 바로 이러한 문제들을 다룬다. 특별히 우리는 의소와 주제화 그래프를 소개하고자 한다. 의소는 첫 번째 질문에, 주제화 그래프는 두 번째 질문에 각각 관련되어 있다.

2.1. 의소

텍스트 의미론의 분석 대상은 표현(expression)과 내용(contenu)의 결합으로 이루어진 기호(signe)[23]의 내용면(plan du contenu)이라고 할 수 있다. 텍스트 의미론에서는 이러한 내용면에 해당하는 의미론적 단위를 의미소(sémème, 意味素)라고 부른다. 의미소는 의미기술을 위한 가설적 단위이다. 이러한 단위를 기술적으로 표현하기 위해 텍스트 의미론에서는 한 따옴표를 사용한다. 예컨대 《상류》와 《하류》[24]란 두 단어를 '상류' 와 '하류' 로 표기하게 되면 표현과 내용의 결합으로 이루어진 기호학적 단위가 아닌 오직 내용면만으로 이루어진 의미론적 단위가 만들어진다. 의미소는 의소(sème, 意素)들의 집합으로 정의된다. 의미 기술이란 의미소를 구성하는 의소들을 구분하고 분류해내

23 소쉬르는 기호를 시니피앙과 시니피에의 결합으로 제시한다. 옐름슬레우는 이러한 소쉬르의 기호학 사상을 보다 세분한다. 그는 먼저 소쉬르의 모델에 따라 기호를 표현과 내용으로 나누고 각각의 층위를 다시 형식과 실질로 세분한다. 기호학의 참된 대상은 표현의 형식과 내용의 형식의 함수 관계로 정의된다.

24 텍스트 의미론에서 이중의 꺽쇠는 표현과 내용의 결합으로 이루어진 기호학적 단위를 나타내는 표기 방식이다.

는 작업이라고 할 수 있다. 그렇다면 어떠한 과정에 의해 이러한 작업이 이루어지는가?

텍스트 의미론에서 의소는 의미소들 간의 관계로 정의된다. 다시 말해 한 의미소의 의미론적 구조를 기술하기 위해서는 반드시 다른 의미소들 간의 관계를 참조해야만 한다. 이러한 텍스트 의미론의 방법론적인 입장은 소쉬르의 가치의 개념에 그 이론적인 토대를 두고 있다. 의미소들 간의 관계는 크게 두 가지 관점에서, 다시 말해 공통점과 차이점의 관점에서 기술된다. 의미소들 간의 공통점을 나타내주는 의소를 종속(種屬) 의소(sème générique)라고 부르고 이중 슬레시를 사용하여 표기한다. 예컨대 //강//은 '상류'와 '하류'의 공통점을 나타내주는 종속 의소라고 할 수 있다. 그런데 이 종속 의소는 '상류'와 '하류'란 두 의미소들에 내재하는 의소이다. 텍스트 의미론에서는 이를 내재(內在) 의소(sème inhérent)라고 부른다. 요컨대 //강//은 종속 의소이면서 동시에 내재 의소인 종속 내재 의소(sème générique inhérent)라고 할 수 있다. 의미소들 간의 차이점을 나타내주는 의소를 텍스트 의미론에서는 종차(種差) 의소(sème spécifique)라고 부르고 슬레시로 표기한다. 예컨대 '상류'는 /높은/ 곳을 가리키는 반면에 '하류'는 /낮은/ 곳을 가리킨다. /높은/과 /낮은/이 바로 종차 의소들이다. 이들은 '상류'와 '하류'에 내재하는 의소들이다. 이들은 종차 의소이면서 동시에 내재 의소인 종차 내재 의소(sème spécifique inhérent)들이다.

/높은/과 /낮은/의 대립은 높이의 축의 관점에서 기술된 의미론적 대립이라고 할 수 있다. 그레마스(Greimas(1966))는 이러한 의미론적 대립을 "의미의 기본구조"라고 부른다. 의미의 기본 구조는 의미론적 축에 의해 구성된 구조이다. 이 축의 양 극단을 형성하는 것이 바로 종차 의소이다.

'높이' 의 의미론적 축

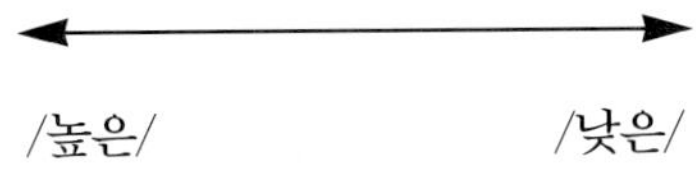

반면 종속 의소는 이러한 이원 대립적 구조를 형성하는 것이 아니다. 종속 의소는 독서의 방향을 결정해주는 일종의 독서 가설이라고 할 수 있다. 독자는 텍스트 속에 착종된 의미소들을 이 가설에 입각하여 하나의 목록을 만들고 이들 간의 차이를 기술한다. 이러한 방식으로 의소 분석의 과정이 진행된다.

//강//의 관점에서 '상류' 와 '하류' 의 의미 구조를 기술하면 다음과 같다.

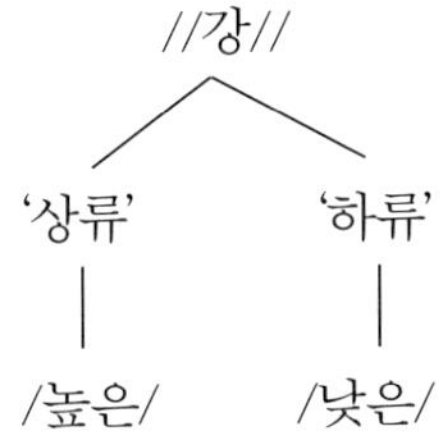

「작가의 말」은 글쓰기의 과정을 비유적으로 표현한 글이다. 이 글 속에서 '상류' 는 새로 쓸 작품을, '하류' 는 이미 쓴 작품을 각각 가리킨다. 이처럼 '상류' 와 '하류' 는 //강//의 목록뿐만 아니라 //글쓰기//의 목록에 해당하는 의미소들이다. 즉, //글쓰기//는 이들의 종속 의소라고 할 수 있다. 그런데 이 의소는 '상류' 와 '하류' 에 내재하는 내재 의소가 아니라 오직 「작가의 말」 텍스트 속에서 그 가치가 결정된 의소이다. 텍스트 의미론에서는 이를 외래(外來) 의소(sème afférent)라고 부른다. 내재 의소는 좁은 의미의 랑그, 즉 체계에 의해 결정된 의소이다. 반면 외래 의소는 이처럼 특정한 텍스트의 고유한 맥락에 의해 결정되기도 하고 사회적 규범이나 개인적 용법에 따라 그 가치가 정해지기도 한다. //글쓰기//는 종속 의소이면서 동시에 외래 의소인 종속 외래 의소(sème générique afférent)이다. 이 //글쓰기//의 관점에서 볼 때 '상류'는 /새로운/ 작품을, '하류'는 /오래된/ 작품을 각각 가리킨다. /새로운/과 /오래된/은 종차 의소이면서 동시에 외래 의소인 종차 외래 의소(sème spécifique afférent)이다. //글쓰기//의 관점에서 '상류'와 '하류'의 의미 구조를 새롭게 기술하면 다음과 같다.

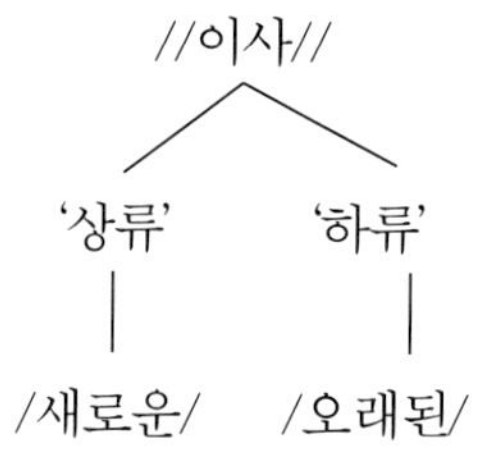

지금까지 우리는 의소의 종류를 두 가지 관점에서, 즉 종속 vs 종차, 내재 vs 외래의 관점에서 분류하였다. 이 두 관점을 서로 연결하면 의소는 결과적으로 다음과 같이 모두 네 가지 유형으로 세분된다.

- 종속 내재 의소 : //강//
- 종속 외래 의소 : //글쓰기//
- 종차 내재 의소 : /높은/, /낮은/
- 종차 외래 의소 : /새로운/, /오래된/

의소 분석은 의미소들의 목록을 정하고 이들의 차이점들을 기술하는 방식으로 진행된다. 이 이중의 작업은 모두 텍스트 차원에서 이루어진다. 의미소들의 목록을 정하기 위해 우리는 분석 대상인 텍스트에 대한 독서의 가설을 세워야 한다. 「작가의 말」을 예컨대 글쓰기의 관점에서 읽어보겠다고 하는 것이 바로 독서의 가설을 세우는 작업이다. 이렇게 독서 가설이 확정되고 나면 이 가설에 입각해서 의미소들의 목록을 정하는 과정이 뒤따른다. 이 과정에 의해 예컨대 '상류'와 '하류'라는 두 의미소들이 하나의 목록으로 묶인다. 의미소들의 목록이 정해지고 나면 곧이어 이들의 차이를 기술하는 작업에 착수해야 한다. 이 작업은 종차 의소를 결정하는 작업이다. '상류'는 일반적으로 /높은/ 곳을 가리키지만 이 「작가의 말」 텍스트 속에서는 매우 특별한 가치를 지니는데 그 가치는 '하류'와의 대립에 의해 결정된다. 그 결과 '상류'는 /새로운/ 작품으로, '하류'는 /오래된/ 작품으로 각각 기술된다. 이처럼 텍스트 차원에서 이루어지는 의소 분석을 텍스트 의미론에서는 주제부 분석(thématique)이라고 부른다.

2.2. 주제화 그래프

주제화 그래프(graphe thématisé)는 주제를 표상하는 형식적인 방식이다. 이 그래프는 자연 언어 자동 처리를 위해 소와(Sowa)가 개발한 개념 그래프(conceptual graph)를 텍스트 의미 분석에 적용하기 위해 라스티에(Rastier)가 새롭게 고안한 것이다. 주제화 그래프는 소와의 개념 그래프와 마찬가지로 절점과 관계로 이루어져 있다. 절점들 간의 관계는 일정한 방향에 의해 정의된다. 주제화 그래프에서 절점은 곽괄호로, 관계는 원 괄호로 각각 표기된다. 관계의 방향은 화살표로 표시한다. 예컨대 이동의 주제화 그래프는 다음과 같은 방식으로 표상될 수 있다.

〈이동의 주제화 그래프〉

[A : 출발지점] ← (장소 : from) ← [이동하다] → (장소 : to) → [B : 도착지점]

위의 그래프는 한 장소에서 다른 장소로 이동하는 과정에 관한 의미론적 정보를 담고 있다. 이 정보를 읽는 방식은 화살표의 방향에 의해 결정된다. 위의 그래프에서 장소는 두 가지 유형으로 표상되어 있다. 하나는 'from'의 유형이고 다른 하나는 'to'의 유형이다. 위의 그래프는 〈이동의 장소-from은 A이고 이동의 장소-to는 B이다〉라고 읽힌다. 이동의 주제화 그래프는 보다 복잡한 형태를 띠고 세분화 될 수 있다. 예컨대 이동의 주체를 이 그래프에 추가하면 다음과 같다.

〈이동의 주제화 그래프〉

[C]

↑

(주체)

↑

[A : 출발지점] ← (장소 : from) ← [이동하다] -〉 (장소 : to) → [B : 도착지점]

위의 그래프는 〈이동의 장소-from은 A이고 이동의 장소-to는 B이며 이동의 주체는 C이다〉라고 읽힌다. 위의 그래프를 좀 더 세분화해보

자. 우리는 이동의 목적을 위의 그래프에 아래와 같이 추가해볼 수 있을 것이다.

〈이동의 주제화 그래프〉

[C]

↑

(주체)

↑

[A : 출발지점] ← (장소 : from) ← [이동하다] → (장소 : to) → [B : 도착지점]

↓

(목적)

↓

[D]

위의 그래프를 읽어보자. 〈이동의 장소-from은 A이고 이동의 장소-to는 B이며 이동의 주체는 C이고 이동의 목적은 D이다〉. 계속해서 우리는 이동의 방식을 추가할 수 있다. 그렇다면 우리는 이 그래프를 과연 어디까지 세분화할 수 있으며 어디까지 세분화해야 하는가?

이 질문에 답하기 위해서는 주제부 분석에서 주제화 그래프의 역할을 바르게 이해해야 한다. 앞에서 설명한 바와 같이 주제부 분석은 먼저 종속 의소를 정하는 작업에서 출발한다. 종속 의소가 정해지고 나면 이 의소에 속한 의미소들을 목록으로 작성해야 한다. 이 과정에서 어떤 의미소들은 수용되고 어떤 의미소들은 배제된다. 어떤 기준에 의해 이러한 결정이 이루어지는가? 「작가의 말」 텍스트 속에서 예컨대 이동이란 종속 의소에 속한 의미소들을 찾아 하나의 목록으로 작성한다고 하자. 이 목록에 작가 김훈을 지칭하는 '나'를 포함시켜야 하는가? '상류'가 과연 이동에 속한 의미소인가? 등등의 물음이 끊이지 않고 제기된다. 주제화 그래프는 이러한 물음에 대한 적절한 답변을 찾아가는 방식을 제공해준다. 예컨대 //이동//은 이동의 주체를 포함한다. 따라서 '나'는 //이동//에 속한 의미소 중의 하나로 고려할 수 있다. '상류'와 '하류'는 앞에서 예시한 이동의 주제화 그래프에서 각각 A와 B에 해당한다. 반면 「작가의 말」 텍스트 속에서는 이동의 목적이 명시적으로 들어나 있지 않다. 따라서 D는 고려의 대상에서 배제될 수 있다. 오히려 "서둘러 이사를 해야겠다는" 표현 속에서 이동의 방법이 강조되어 있다. 이처럼 주제화 그래프는 주제부 분석이 효과적으로 이루어질 수 있도록 도움을 준다. 그렇다면 어디까지 주제화 그래프가 세분화될 수 있으며 세분화되어야 하는가?

만약 텍스트를 고려하지 않는다면 우리는 이동의 개념에 논리적으로 상응하는 모든 관계의 유형을 주제화 그래프에 담을 수 있을 것이다. 그러나 주제화 그래프는 주제를 표상하는 그래프이다. 주제란 텍스트의 주제를 가리킨다. 우리는 예컨대 「작가의 말」 텍스트의 주제를 분석하기 위해 이동의 모든 논리 의미론적 관계를 고려할 필요가 없다. 우리는 오직 이 특정한 텍스트 속에 구현된 이동의 주제만을 분석하면 된다. 따라서 주제화 그래프의 세분화는 분석 대상인 텍스트의 한계 속에서 이루어져야 한다. 이동의 목적이 아무리 중요한 개념이라고 하더라도 해당 텍스트 속에 이 관계가 나타나 있지 않다면 이를 고려할 필요가 없으며 이동의 방식이 별로 중요한 개념이 아니라고 하더라도 해당 텍스트 속에 이 관계가 나타나 있다면 이를 고려해야 한다. 참고로 주제화 그래프를 작성할 때 고려할 수 있는 관계의 몇 가지 유형을 제시하면 다음과 같다.

관계 유형	표기 관행	읽는 방법
주체(주격)	[A] ← (주체) ← [B]	B의 주체는 A이다
대상(대격)	[A] → (대상) → [B]	A의 대상은 B이다
속성(속격)	[A] → (속성) → [B]	A의 속성은 B이다
장소(처소격)	[A] → (장소) → [B]	A의 장소는 B이다
목적(목적격)	[A] → (목적) → [B]	A의 목적은 B이다
방법(도구격)	[A] → (방법) → [B]	A의 방법은 B이다
상대(여격)	[A] → (상대) → [B]	A의 상대는 B이다

2.3. 「작가의 말」 텍스트 분석

우리는 지금까지 의소분석과 주제화 그래프에 대해 살펴보았다. 이 두 방법론을 사용하여 「작가의 말」 텍스트를 분석해보자. 우리는 앞에서 이 텍스트를 다음의 두 은유적 표현으로 요약하였다.

- 글쓰기는 이사이다.
- 글쓰기는 항행이다.

우리는 「작가의 말」 텍스트를 //이사//, //항행//, //글쓰기// 등 세 가지 관점에서 분석하고자 한다. 이들은 모두 종속 의소들로 우리는 이들 각각에 해당하는 의미소들의 목록을 만들고 이들의 차이를 기술함으로써 이 텍스트의 의미 구조를 밝혀내고자 한다.

2.3.1. //이사//

먼저 이사의 사전적 정의에서 우리의 논의를 출발해보자.

사는 곳을 옮김 (『엣센스 국어사전』)

주제화 그래프는 동사를 중심으로 작성된다. 위의 정의에서 이사는 한 곳에서 다른 곳으로 옮기는 행위를 가리킨다. 이 두 곳 모두 "사는 곳"이다. 첫 번째 "사는 곳"은 이미 오래 산 곳이고 두 번째 "사는 곳"은 앞으로 살 곳이다. 이를 주제화 그래프로 표상하면 다음과 같다.

〈이사의 주제화 그래프 1〉

[A] ← (장소 : from) ← [옮기다] → (장소 : to) → [B]
↓ ↓
(속성) (속성)
↓ ↓
[C : 오래 산 곳] [D : 새로 살 곳]

우리는 사전에 정의된 이러한 간략한 이사의 개념을 우리 모두가 잘 알고 있는 상식을 바탕으로 좀 더 복잡한 형태로 제시해볼 수 있을 것이다. 예컨대 우리는 이삿짐센터에 연락해서 포장이사를 할 것인지 아니면 일반이사를 할 것인지를 정하거나 이사하고 나서 집안 정리를 마치고 주로 자장면을 배달해 먹는 등 이사와 관련된 우리의 다양한 경험과 표상을 이 정의에 추가해 볼 수 있을 것이다. 독서 과정에서 이 공통의 지식은 텍스트를 통해 검증 가능한 일종의 독서 가설로서 작용한다. 검증 과정을 거쳐 이사의 표상에 해당하는 어떤 요소들은 고려되고, 어떤 요소들은 무시된다. 「작가의 말」 텍스트 속에서 오랜 산 집과 새로 살 집에 대한 묘사는 등장하지 않는다. 대신 오래 산 집에서 이웃과 헤어지는 장면이 “벗들아 이제 헤어지자”란 말 속에 표현되어 있다. 이는 이사의 결과 발생하는 사건에 해당한다. 텍스트 속에 구현된 이사의 개념을 바탕으로 주제화 그래프를 다시 작성하면 다음과 같다.

〈이사의 주제화 그래프 2〉

① [옮기다] → (결과) → [A : ②]

② [헤어지다] → (대상) → [B : 이웃]

↓

(속성)

↓

[C: 오래된]

A, B, C에 해당하는 의미소들의 목록을 작성해보자.

{ ‘서둘러’ , ‘이사’ , ‘하-’ , ‘벗-’ (2), ‘헤어지-’ (2)}

의미소 목록이 만들어지고 나면 이 목록에 속한 의미소들 간의 차이를 기술하는 종차 의속 분석이 이루어져야 한다.

- ‘서둘러’ 는 이동 방식을 표현하는 /빠른/이란 의소를 지닌다. 이 의소는 /느린/과 더불어 속도의 의미론적 축을 구축한다.

‘속도’ 의 의미론적 축

←――――――――→

/빠른/ /느린/

의미론적 축에 속한 의소들이 모두 현동화될 필요는 없다. 이 텍스트 속에서는 오직 /빠른/이란 의소만이 현동화되어 있을 뿐이다.

- '이사' 와 '하-' 는 모두 /동적/ 움직임을 표현한다. /동적/은 /정적/과 함께 움직임의 의미론적 축을 형성한다.

'움직임' 의 의미론적 축

/동적/ /정적/

/정적/은 "늙은 강의 하류에서 나는 너무 오랫동안 주저앉아 있었다" 란 표현 속에 현동화되어 있다. 그런데 이 표현은 //이사//라기보다는 //항행//에 가까운 이미지를 제공해준다. 의미론적 축은 이처럼 텍스트의 다양한 독서 층위에 걸쳐 존재한다.

- '벗-' 은 그동안 함께 지내왔던 이웃의 은유로 이해할 수 있다. 이 '벗-' 에 오래된 이웃이란 뜻이 담겨 있다. 즉, /오래된/이란 의소가 이 의미소 속에 현동화되어 있다. 이 의소는 /새로운/이란 의소와 함께 의미론적 축을 구축한다.

'새로움' 의 의미론적 축

/새로운/ /오래된/

이사는 오래 산 집에서 새로 살 집으로 옮기는 행위를 가리킨다. 그런데 /새로운/은 //이사//의 목록이 아닌 //항행//의 목록에 해당하는 의미소 속에, 예컨대 '상류' 속에 구현된 외래 의소이다.

- '헤어지-' 속에는 /분리된/이란 의소가 현동화되어 있다. 옛 이웃들과 헤어지고 새 이웃들과 만나는 과정이 이사의 개념 속에 포함되어 있다. 이 /분리된/이란 의소는 「작가의 말」 속에 등장하지 않은 /결합된/과 함께 의미론적 축을 형성한다.

'결합성' 의 의미론적 축

←————————→

/분리된/ /결합된/

지금까지 분석한 내용을 도표로 요약 제시하면 다음과 같다.

//이사//

	/빠른/	/동적/	/오래된/	/분리된/
'서둘러'	+			
'이사'		+		
'하-'		+		
'벗-'			+	
'헤어지-'				+

2.3.2. //항행//

//항행//의 사전적 정의는 다음과 같다.

배나 항공기가 항로를 다님. (『엣센스 국어사전』)

'다니다' 는 한 곳에서 다른 곳으로 이동함을 뜻한다. 이 두 장소에 관한 정보를 보완하여 항행의 주제화 그래프를 작성하면 다음과 같다.

〈항행의 주제화 그래프 1〉

[A] ← (주체) ← [다니다] → (방법) → [B : 배나 항공기]

↓ ↓

(장소 : from) (장소 : to)

↓ ↓

[C] [D]

「작가의 말」 텍스트 속에서 A는 작가 자신인 '나' 이다. 반면 B는 등장하지 않는다. 대신 C와 D의 속성이 명시되어 있다. 텍스트 속에 구현된 항행의 주제화 그래프를 다시 작성하면 다음과 같다.

〈항행의 주제화 그래프 2〉

[A] 〈- (주체) 〈- [다니다]

↓ ↓

(장소 : from) (장소 : to)

↓ ↓

[D : 오래된] ← (속성) ← [B] [C] → (속성) → [E : 새로운]

A, B, C, D, E에 해당하는 //항행//의 의미소 목록을 작성해보자.

{ '늙은' , '강' (2), '하류' , '나' , '오랫동안' , '주저앉-' , '거스르-' , '상류' , '가-' , '시원' , '물가' }

- '늙은' 과 '오랫동안' 은 /오래된/이란 의소를 갖고 있다. '강' 과 '하류' 도 모두 /오래된/ 강과 하류를 가리킨다. 이곳에 너무 오랫동안 머물러 있던 '나' 역시 /오래된/이란 의소에 의해 기술될 수 있다. 이 의소는 '시원-' , '상류' , '물가' 속에 현동화된 /새로운/과 의미론적 축을 형성한다.

- '거스르-' , '가-' , '시원' 등은 모두 /동적/인 반면에 '주저앉-' 은 이와 대립적인 /정적/인 상태를 가리킨다.

//항행//의 의미론적 구조를 기술하면 다음과 같다.

//항행//

	/오래된/	/새로운/	/동적/	/정적/
'늙은'	+			
'강'	+			
'하류'	+			
'오랫동안'	+			
'주저앉-'				+
'거스르-'			+	
'상류'		+		
'가-'			+	
'시원-'		+		
'물가'		+		

2.3.3. //글쓰기//

사전에 글쓰기는 "글을 써서 나타내는 일"로 정의되어 있다. (『엣센스 국어사전』). 이 정의만으로 「작가의 말」 텍스트를 분석할 경우 우리는 매우 빈약한 의미소 목록만을 얻을 수밖에 없다. 반면 우리가 지금까지 분석한 //이사//와 //항행//의 관점에서 글쓰기의 개념을 다음과 같이 새롭게 정의한다면 매우 풍성한 목록이 만들어질 수 있다.

이미 쓴 작품을 떠나 새로 쓸 작품을 향해 나아가는 것. 옛 독자들과 헤어짐.

위의 정의 속에서 '쓰다'라는 행위는 이사와 항행에 비유되어 있다. 쓰다는 곧 이동을 뜻한다. 이동은 한 곳을 떠나 다른 곳으로 옮기는 행위를 가리킨다. 이 두 곳은 글쓰기에서 작품에 해당한다. 즉, 옛 작품을 떠나 새 작품을 향해 나가는 것이 글쓰기의 여정이다. 옛 작품을 떠나는 과정에서 옛 독자들과 헤어지는 일이 발생한다. 글쓰기의 주제화 그래프는 다음과 같다.

① [A] ← (주체) ← [이동하다] → (결과) → [B : ②]

↓ ↓

(장소 : from) (장소 : to)

↓ ↓

[E] ← (속성) ← [C] [D] → (속성) → [F]

② [헤어지다] → (대상) → [G]

위의 그래프에 등장하는 절점을 중심으로 //글쓰기//에 해당하는 의미소들의 목록을 작성하면 다음과 같다.

{ '교정원고', '읽-', '팔목', '움직이-', '쓰-', '글', '서둘러', '이사', '하-', 벗- '(2)', 헤어지- '(2)', '오랫동안', '나', '주저앉-', '거스르-', '상류', '가-', '낱말', '시간', '새롭게', '태어나-', '시원', '물가' }

- '교정원고' 는 /미완료된/ 반면에 '읽-' 와 '글' 은 /완료된/ 행위를 가리킨다.

'상' 의 의미론적 축

/완료/ ⟷ /미완료/

- '팔목' 은 /육체적/이란 의소를 현동화 한다. 비록 이 텍스트 속에서 이 의소와 대립적 관계를 형성하는 /정신적/이란 의소는 나타나 있지 않지만 그럼에도 불구하고 이 의소를 적시한 이유는 김훈 작가의 작품 세계 속에 등장하는 몸이 지닌 주제적 성격 때문이다.

'육체성' 의 의미론적 축

/육체적/ ⟷ /정신적/

- '움직이-', '쓰-', '이사', '하-', '거스르-', '태어나-', 등은 /동적/인 움직임을 나타내고 있는 반면에 '주저앉-' 은 /정적/인 상태를 표현

한다.

- '벗-', '늙은', '강', '하류', '오랫동안' 등은 모두 /오래된/이란

//글쓰기//

	/빠른/	/동적/	/정적/	/완료/	/미완료/	/오래된/	/새로운/	/분리된/	/육체적/
'교정원고'					+				
'읽-'				+					
'팔목'									+
'움직이-'		+							
'쓰-'		+							
'글'				+		+			
'서둘러'	+								
'이사'		+						+	
'하-'		+							
'벗-'						+		+	
'헤어지-'								+	
'늙은'						+			
'강'						+			
'하류'						+			
'오랫동안'						+			
'나'			+						
'거스르-'		+							
'상류'							+		
'낱말'							+		
'시간'							+		
'새롭게'		+					+		
'태어나-'							+		
'시원-'							+		
'물가'							+		

의소를 지니고 있는 반면에 '상류', '낱말', '시간', '새롭게', '태어나-', '시원', '물가' 등은 /새로운/이란 의소를 표현한다.

- '헤어지-'는 /분리된/이란 의소를 현동화하고 있다.「작가의 말」텍스트에는 새로운 독자와의 만남을 뜻하는 표현이 등장하지 않는다.

이상에서 약술한 //글쓰기//의 의미론적 구조는 다음과 같다.

2.3.4. 의미론적 축

우리가 지금까지 분석에 적용한 의미론적 대립의 축은 다음과 같다.

<table>
<tr><th>의미론적 축</th><th>대립 관계</th><th>이동의 관점</th></tr>
<tr><td>속도</td><td>빠른 ↔ (느린)</td><td rowspan="3">이동의 방식</td></tr>
<tr><td>움직임</td><td>동적 ↔ 정적</td></tr>
<tr><td>상</td><td>완료된 ↔ 미완료된</td></tr>
<tr><td>결합성</td><td>분리된 ↔ (결합된)</td><td>이동의 결과</td></tr>
<tr><td>새로움</td><td>오래된 ↔ 새로운</td><td>이동 장소의 속성</td></tr>
<tr><td>육체성</td><td>육체적 ↔ (정신적)</td><td>김훈 작가의 주제</td></tr>
</table>

괄호로 표기한 자질들은「작가의 말」텍스트 속에서 현동화되지 않은 것들이다. 이들은 의미론적 축을 형성하는 의소들로서 잠재적 차원에 속한다고 가정되는 것들이다. 위에서 제시한 의소들은 우리가 독서가설로 설정한 각각의 주제 속에서 다음과 같이 상이한 방식으로 실현되어 있다.

//이사//	//글쓰기//	//항행//
동적 →	동적	← 동적
정적 →	정적	← 정적
	미완료된	
	완료된	
	새로운	← 새로운
	오래된	← 오래된
분리된 →	분리된	
	육체적	

위의 도표에서 볼 수 있는 듯이 은유적 매핑은 모든 종차의소들을 공유하지 않는다는 점에서 완벽하지 않다고 할 수 있다. 완벽하지 않기 때문에 오히려 은유적 매핑은 역설적으로 항상 열린 구조를 띠게 된다.

3. 의미와 텍스트성

우리는 김훈의 「작가의 글」 텍스트를 세 가지 독서 가설, 즉, //이사//, //항행//, //글쓰기//의 관점에서 분석하였다. 텍스트를 읽는 것은 본질적으로 텍스트의 의미를 묻는 행위이다. 독자는 텍스트를 읽으면서 자신만의 고유한 문제를 제기하고 나름대로의 방식으로 이 문제를 해결한다. 이 과정 속에서 독자는 나름대로 자신만의 고유한 텍스트의 의미를 찾게 된다. 따라서 독자의 수만큼 다양한 텍스트의 의미가 존재할 수 있다. 텍스트의 의미가 이처럼 다양하다고 해서 물론 아무 의미나 텍스트에 갖다 붙일 수 있는 것은 결코 아니다. 독서란 무엇보다도 독자와 텍스트와의 상호작용을 가리킨다.

독자는 자신이 세운 독서 가설을 검증하기 위해 끊임없이 텍스트로 되돌아와야 한다. 예컨대 //이사//의 독서 가설을 검증하기 위해 이사에 관한 우리의 상식뿐만 아니라 텍스트를 참조해야 한다. 독자가 찾고자 하는 자신만의 고유한 의미는 텍스트의 의미여야 하며 텍스트와 무관한 의미여서는 안 된다. 텍스트의 의미는 독서 활동과 무관하게 텍스트 속에 담겨 있는 객관적 실체도 아니며 또한 텍스트와 무관하게 독자의 자의식이 만들어낸 순수한 주관의 산물도 아니다. 요컨대 텍스트의 의미는 텍스트 밖이나 텍스트 안도 아닌 독자와 텍스트와의 끊임없는 대화 속에 존재한다.

우리가 소개한 텍스트 의미론은 이러한 독서의 과정을 통제하는 잘 정의된 개념과 절차를 제공해준다고 하겠다.

3

큰 파도

시각 텍스트 분석

서사로 읽는 서사학

3

큰 파도

시각 텍스트 분석

1. 큰 파도 흰 거품을 한껏 뿜어낸 거센 파도에 휩싸인 두 척의 갈색 나룻배가 속절없이 불안한 모습으로 파란 바다 위에 떠있다. 멀리 배경에 자리 잡고 있는 후지산의 모습은 이와 대조적으로 짐짓 태연자약하다.

위에 소개한 그림은 카츠시카 호쿠사이(1760-1849)의 대표작 『후가쿠(富嶽) 36경』중의 하나인 「큰 파도」이다. 일본 풍경 판화의 정점에 선 이 작품은 유럽의 인상파 화가들에게 깊은 인상을 심어 준 것으로도 유명하다. 우리는 그룹 뮈(Group Mu)가 시각 기호학의 관점에서 분석 제시한 내용을 참조하여 이 작품의 주제를 텍스트 의미론의 관점에서 다시 분석하고자 한다(1992:352~4). 우리는 텍스트 의미론의 의소 분석이 비단 언어 텍스트뿐만 아니라 시각 텍스트에도 엄밀하게 적용이 가능하다는 것을 예시해보고자 한다.

2. 시각 기호의 두 층위

그림을 구성하는 요소는 크게 도상적 요소와 조형적 요소로 양분된다. 도상적 요소는 이미지를 가리킨다. 우리는 이 그림에서 큰 파도, 작은 파도, 나룻배, 후지산의 모습을 찾아볼 수 있다. 이미지는 사물 그 자체가 아니라 사물의 형상을 가리킨다. 파도에 가린 후지산은 마치 작은 파도의 모습을 띠고 있다. 반대로 후지산에 착안하여 성난 파도를 높은 산봉우리로 해석해볼 수도 있을 것이다. 이 경우 하얀 거품은 하얀 눈이 된다.

조형적 요소는 색깔, 형태, 질감, 구도 등으로 세분된다. 위의 그림에서 색깔은 파란색, 하얀색, 갈색 등 모두 세 가지이다. 파란색과 하얀색은 차가운 느낌을 전달한다. 후지산의 하얀 눈과 파도의 흰 거품이 서로 조응을 이루고 있다. 후지산이 각진 형태를 띠고 있는 데 반해 파도는 굴곡을 드러내고 있다. 이 굴곡으로부터 미끄러져 내려오는 물방울의 질감은 거칠지 않다. 꼿꼿한 삼각형의 직선이 남성적이라면 굴곡진 파도의 곡선은 여성적이라고 할까? 그림의 정 중앙에서 우측으로 약간 빗겨 서 있는 후지산의 안정된 모습은 그림의 좌측을 차지하고 있는 불안정한 파도의 거센 모습과 대조를 이루며 그림 전체의 구도에 균형 감각을 잡아준다.

시각 텍스트를 구성하는 기호학적 요소들을 이상에서 소개한 바와 같이 두 층위로 나누어 정리하면 다음과 같다.

시각 기호 텍스트의 구성 층위

도상적 층위	이미지	큰 파도, 작은 파도, 후지산, 나룻배, 거품
조형적 층위	색깔	흰색, 파란색, 갈색
	형태	직선, 곡선 (삼각형)
	질감	부드러운 (vs 거친)
	구도	대칭 (vs 비대칭)

3. 산과 바다

텍스트 의미론의 기술 대상은 의미소이다. 의미소는 기호의 내용면을 가리킨다. 우리가 방금 위에서 소개한 도상적 요소들과 조형적 요소들이 모두 기호학적 단위들이라고 가정한다면 우리는 이들의 내용면에 주의를 기울여 의미론적 단위들을 추출해낼 수 있을 것이다. 예컨대 《큰 파도》라는 도상 기호가 존재한다고 하자. 이 기호의 내용면인 '큰 파도'가 텍스트 의미론의 분석 대상인 의미소가 된다. 조형 기호에 해당하는《흰색》역시 '흰색'으로 표기하자마자 이 기호의 내용면인 의미소로 탈바꿈한다. 표현면과 내용면의 결합으로 이루어진 한 기호가 존재한다면 그것이 어떤 유형의 기호이든지 우리는 이처럼 의미론적 지향을 통해 의미론적 단위를 추상해낼 수 있을 것이다. 우리는 이 방식으로「큰 파도」란 회화 텍스트 속에 구현된 의미소들의 목록을 작성하고자 한다. 이를 위해 먼저 우리는 이 텍스트의 독서 가설을 세워야 할 것이다.

우리는「큰 파도」를 바다와 산의 관점에서 읽고자 한다. 즉, 우리는 //바다//와 //산//을 두 종속 주제로 삼고 이 텍스트의 의미 구조를 분석하고자 한다. 이 두 주제와 관련된 의미소들의 목록을 제시하면 아래와 같다.

「큰 파도」의 종속 주제

	//바다//	//산//	기호 유형
'큰 파도'	+	+	도상 기호
'작은 파도'	+	+	도상 기호
'나룻배'	+		도상 기호
'후지산'	+	+	도상 기호
'거품'	+	+	도상 기호
'눈'	+	+	도상 기호
'직선'	+	+	조형 기호
'곡선'	+	+	조형 기호
'흰색'	+	+	조형 기호
'파란색'	+		조형 기호
'갈색'	+		조형 기호

//바다//의 관점에서 보자면 '후지산'은 작은 파도의 하나로 보인

다. 우리는 이 '후지산' 을 텍스트 의미론의 표기 관행에 따라 아래와 같이 〈다시 쓸〉[25] 수 있다.

'후지산' -〉 | '작은 파도' |

'후지산' 의 흰 눈 역시 흰 거품으로 해석이 가능하다. 회화 텍스트를 구성하는 요소들은 이처럼 모두 //바다//에 속한 의미소들이다.

//산//의 관점에서 '큰 파도' 와 '작은 파도' 는 산의 봉우리로 재해석이 가능하다. 흰 거품으로 가득 찬 바다는 흰 눈으로 가득 덮인 산의 모습을 연상시킨다. 파도를 타고 흘러내리는 둥근 모양의 물방울은 흰 눈송이로 다시 쓸 수 있다.

'큰 파도' -〉 | '큰 봉우리' |
'작은 파도' -〉 | '작은 봉우리' |
'물거품' -〉 | '눈' |

'나룻배', '파란색', '갈색' 등은 //산//이 아닌 //바다//에 속한 의미소들로 보아야 한다. 왜냐하면 '후지산' 에 부여된 속성들만으로 이들을 //산//의 의미소들로 간주하기는 어렵기 때문이다.

3.1. //바다//

//바다//에 속한 의미소들 간의 차이점들을 기술하면 다음과 같다.

---

25 텍스트 의미론에서 〈다시 쓰기〉 규칙은 해당 텍스트 속에 어휘의 형태로 구현되어 있지는 않지만 내용상 존재하는 의미소를 추출하기 위해 적용된다.

● '후지산' 은 '큰 파도' 와 '작은 파도' 에 가려 작은 물결로밖에 읽히지 않는다. 다만 삼각형의 모양을 하고 있어 /불안정한/ 파도와 달리 비교적 /안정된/ 모습을 띠고 있다. 안정된 모습은 /정적/인 반면 불안정한 모습은 매우 /동적/이다. '작은 파도' 는 '후지산' 과 '큰 파도' 사이에 위치한다. 즉, 안정적이지도 불안정적이지도 않으며 동적이지도 정적이지도 않다.

'후지산' '작은 파도' '큰 파도'

←――――――――――――――――→

/안정적/ /불안정적/

/정적/ /동적/

● 높이 솟아오른 '파도' 가 화폭을 /지배하고/ 있는 반면에 이 파도에 휩싸인 '나룻배' 는 /종속적인/ 위치에 처해 있다.
● 삼각형의 모양을 한 '직선' 은 '곡선' 에 비해 /안정감/을 준다. '곡선' 이 완전한 형태의 원을 이루고 있는 것이 아니기 때문에 /불안정적/이다. 굴곡진 모양을 한 파도의 '곡선' 이 /여성성/의 이미지를 떠올리게 하는 반면 각진 삼각형의 '직선' 은 /남성성/의 자질을 드러낸다.
● '흰색' 과 '파란색' 이 /차가운/ 느낌을, '갈색' 은 이에 반해 /따듯한/ 느낌을 각각 전달한다. 흰색을 한 '거품' 역시 /차가운/ 느낌이다. 방울 모양을 한 이 거품은 매끈한 파도와 대조를 이루지만 거친 느낌을 전달하는 것은 아니다.

종차 주제의 분석 결과를 도표로 요약하면 아래와 같다.

■■■ //바다//의 종차 주제 분석

	안정	불안정	동적	정적	지배	종속	남성	여성	차가운	따뜻한
‘큰 파도’		+	+		+					
‘작은 파도’		(+)	(+)		(+)					
‘나룻배’		+				+				
∣‘작은 파도’∣	+			+	(+)					
‘거품’									+	
∣‘거품’∣									+	
‘직선’	+			+			+			
‘곡선’		+	+					+		
‘흰색’									+	
‘파란색’									+	
‘갈색’										+

3.2. //산//

//산//에 속한 의미소들 간의 차이점들을 기술해보자.

- //산//의 관점에서 ‘큰 파도’ 와 ‘작은 파도’ 는 모두 산의 봉우리에 해당한다. 완전한 형태를 갖추지 못한 이들은 모두 /불안정적/이다. 반면 각진 모습을 한 후지산은 /안정적/이며 /남성적/이다. 움푹 파인 곳에 모습을 드러낸 후지산이 /정적/이라면 눈보라가 몰아치는 커다란 산봉우리의 모습은 /동적/이다.
- ‘직선’ 과 ‘곡선’ 은 한편으로 /안정적/ vs /불안정적/이란 대립에, 다른 한편으로 /남성적/ vs /여성적/이란 대립에 각각 상응한다. 눈의 색인 흰색은 /차가운/ 느낌을 전달한다.

//산//의 종차 주제 분석

<table>
<tr><th></th><th>안정</th><th>불안정</th><th>동적</th><th>정적</th><th>남성</th><th>여성</th><th>차가운</th></tr>
<tr><td>| '큰 봉우리' |</td><td></td><td>+</td><td>+</td><td></td><td></td><td></td><td></td></tr>
<tr><td>| '작은 봉우리' |</td><td></td><td>+</td><td>(+)</td><td></td><td></td><td></td><td></td></tr>
<tr><td>'후지산'</td><td>+</td><td></td><td></td><td>+</td><td>+</td><td></td><td></td></tr>
<tr><td>| '눈' |</td><td></td><td></td><td></td><td></td><td></td><td></td><td>+</td></tr>
<tr><td>'눈'</td><td></td><td></td><td></td><td></td><td></td><td></td><td>+</td></tr>
<tr><td>'직선'</td><td>+</td><td></td><td></td><td>+</td><td>+</td><td></td><td></td></tr>
<tr><td>'곡선'</td><td></td><td>+</td><td>+</td><td></td><td></td><td>+</td><td></td></tr>
<tr><td>'흰색'</td><td></td><td></td><td></td><td></td><td></td><td></td><td>+</td></tr>
</table>

3.3. 총평

//산//보다는 //바다//의 관점에서 이 텍스트를 읽을 때 보다 풍부한 의미의 구조를 밝혀낼 수 있다. 물론 바다의 이미지가 이처럼 작품 전체에 지배적이기는 하지만 화폭을 가득 메운 흰 거품으로 인해 눈의 이미지가 한층 부각되어 있어 언제든지 전복적인 독서가 가능하다. 높은 파도의 성난 바다와 눈보라가 몰아치는 후지산은 보는 이의 관점에 따라 수시로 모습을 바꾼다. 「큰 파도」는 /안정/ vs /불안정/, /동적/ vs /정적/, /지배/ vs /종속/, /남성/ vs /여성/, /차가운/ vs /따듯한/ 등의 대립으로 텍스트의 의미 구조를 형성하고 있다. 이들의 대립으로 산과 바다의 변화무쌍한 모습이 잘 형상화되어 있다.

4

은유적 개념과 독서 가설

- 두 남자와 한 여자에 관한 이야기

서사로 읽는 서사학

4

은유적 개념과 독서 가설

두 남자와 한 여자에 관한 이야기

1. 연애의 무덤

한 남자와 한 여자가 우연히 만나 사랑에 빠졌다. 사랑이 시작된 것이다. 둘은 연인이 되었고 연애에 열중하기 시작하였다. 시작이 있으면 끝이 있기 마련이다. 남자는 연애의 삶에 마침표를 찍고자 여자에게 청혼하였다. 여자의 간결한 대답은 다음과 같다.

그냥 지금 이대로가 좋아.(『아내가 결혼했다』, p.78)

남자는 '여기' 보다 조금 더 '저기' 로 나갔으면 하는 자신의 심경을 토로한다.

그녀의 전가의 보도, '지금 이대로' . 그녀야 칼을 휘두르는 입장이나

> 칼에 맞는 사람의 심정이 어떠한지 모를 것이다. 나는 '지금 이대로' 에 만족할 수 없었다. 그녀의 칼날을 무디게 하고 종국에는 칼자루에서 손을 놓게 만들어야 했다. '저기 앞으로' 나아가야 했다. (『아내가 결혼했다』, p.78)

남자가 여자와 함께 "저기 앞으로" 나가고 싶은 곳은 다름 아닌 바로 "연애의 무덤" 이다.

> 흔히들 결혼이란 연애의 무덤이라고 말한다. 기꺼이 동의한다. 그렇게 되기를 바라는 바이다. 그녀를 연애의 무덤으로 데리고 갈 것이다. 그녀의 다른 연애들을 죄다 무덤 속에 묻어 버리려면 결혼밖에 없다는 생각이 머릿속을 환하게 밝혀주었다. (『아내가 결혼했다』, p.79)

남자는 끝을 내고자 하고 여자는 끝을 미루고자 한다. 끝내 남자가 이기고 여자는 결혼을 승낙한다. 그러나 그것이 끝이 아니다. 한번 결혼을 승낙한 여자가 또 다시 결혼을 승낙한 것이다. 그것도 또 다른 남자에게. 『아내가 결혼했다』의 이야기는 이렇게 시작된다.

연애의 경험을 표현하는 데 사용된 "지금 이대로", "저기 앞으로", "연애의 무덤" 등은 모두 은유적 표현들이다. 인지 의미론은 우리가 종종 은유적으로밖에 표현할 수 없는 상황에 직면하게 된다는 사실을 가장 먼저 분명하게 인식한 학문 분야이다. 우리는 인지 의미론적 관점에서 은유의 문제가 텍스트를 읽고 해석하는 데 어떤 역할을 수행할 수 있을 것인가를 살펴보고자 한다.

2. 일상의 은유

『일상의 은유 *Metaphors We Live By*』는 레이코프(Lakoff)와 존슨(Johnson)이 1980년 출간한 책의 제목이다. 이 책의 첫 장 제목은 「일상의 개념 Concepts We Live By」이다. 레이코프와 존슨은 인지 의미론의 새 장을 연 이 책에서 '은유는 곧 개념이다' 라는 명제를 옹호한다.

> 은유의 본질은 한 종류의 사물을 다른 종류의 사물로 이해하고 경험하는 것에 있다.(Lakoff & Johnson,1980:5).

은유는 단지 수사의 문제가 아니라 사물을 "이해하고 경험하는" 인지의 문제이다. 예컨대 '사랑' 이란 한 종류의 사물을 '여행' 이란 다른 종류의 사물로 이해하고 경험하는 것이 은유의 본질이다. 레이코프와 존슨은 은유가 개념적이라는 다소 소극적인 주장에서 개념이 은유적이라는 보다 적극적인 주장으로 한 걸음 더 내딛는다. 요컨대 우리는 은유적으로 사유하고, 은유적으로 경험한다.

> 지금까지 우리가 주장한 가장 중요한 요구 사항은 은유가 단지 언어의 문제, 즉 말의 문제만이 아니라는 점이다. 정 반대로 우리는 인간의 사고 과정이 대부분 은유적이라고 논증하고자 한다. 이는, 우리가 인간의 개념 체계가 은유적으로 구조화 되어 있고 규정되어 있다고 말할 때 우리가 의미하고자 하는 바이다. 언어 표현으로서 은유가 가능한 것은 정확히 인간의 개념 체계 속에 은유가 존재하기 때문이다. 따라서 이 책에서 우리가 〈논쟁은 전쟁이다〉와 같은 은유에 관해 말할 때 '은유' 는 '은유적 개념' 으로 이해되어야 한다. (Lakoff & Johnson, 1980: 6)

"사랑은 여행이다LOVE IS A JOURNEY" 란 은유는 단지 은유적 표현이 아니라 "은유적 개념"이다. 여기서 "은유적 개념"이란 "인간의 개념 체계"가 작동하는 고유한 방식을 가리킨다. 인간은 은유적으로 느끼고, 은유적으로 지각하고, 은유적으로 인식하고, 은유적으로 경험한다. 여행과 같은 은유적 개념은 사랑의 다양한 양상을 구조화하고 정의하는 데 비단 효과적일 뿐만 아니라 필수 불가결한 개념 체계이다. 이 체계에 호소하여 사랑의 경험을 표현하는 다양한 언어적 수단 속에 무의식적으로 작동하고 있는 인지적 메커니즘을 밝혀낼 수 있으리란 것이 인지 의미론의 기본 가설이다. 여행의 은유에 관해 레이코프와 존슨이 예시한 몇 가지 사례들을 열거해보자.[26]

— Look how far we' ve come. (우리가 지금 얼마나 멀리 왔는지 봐)
— We' re at a crossroads. (우리는 교차로에 있어)
— We' ll just have to go our separate ways. (우리는 서로 다른 길로 가야 할 거야)
— We can' t turn back now. (우린 지금 돌아갈 수 없어)
— I don' t think this relationship is going anywhere. (나는 이 관계가 나아질 것이라고 생각하지 않아)
— Where are we? (우린 어디에 있지?)
— We' re stuck. (우리 막혔어)
— It' s been a long, bumpy road. (길고 험한 길이었어)
— This relationship is a dead-end street. (이 관계는 막다른 골목이야)
— We' re just spinning our wheels. (우린 헛바퀴를 돌리고 있어)

26 Lakoff & Johnson (1980), pp.44-5.

— Our marriage is on the rocks. (우리 결혼은 암초에 걸렸어)

— We' ve gotten off the track. (우린 궤도에서 벗어났어)

— This relationship is foundering. (이 관계는 침몰하고 있어)

이 사례들은 모두 우리가 일상생활 속에서 흔히 사용하는 관습적인 은유에 해당한다. '관습적' 이란 우리가 별도의 은유적 표현으로 특별히 의식하지 않고 늘 사용하고 있다는 것을 뜻한다. 위의 목록 속에 "사랑은 여행이다" 란 표현이 직접적으로 등장하고 있는 것은 아니지만 우리는 여행의 "개념 - 예컨대 자동차나 기차 또는 배를 타고 먼 길을 떠나는[27] - 체계" 에 의해 사랑이란 추상적인 경험이 위에서 "구조화" 되고 "규정" 되는 것을 확인해 볼 수 있다.

레이코프와 존슨은 수사학에서 죽은 은유로 폄하된 관습적 은유를 인간의 개념 체계가 작동하는 고유한 방식으로 정의한다. 이들에 따르면 전통적인 은유 이론은 다음과 같은 세 가지 명제에서 출발한다.

1. 은유는 언어의 문제이며 사고나 행위의 문제는 아니다. 은유적 사고나 행위와 같은 것은 존재하지 않는다.
2. "A는 B이다" 와 같은 형태의 은유는 "X, Y, Z, 등의 관점에서 A는 B와 같다" 라는 형태와 상응하는 언어적 표현과 동일하다. "X, Y, Z,

---

27 레이코프와 존슨은 여행의 은유를 여행의 수단에 따라 자동차 여행, 기차 여행, 배 여행 등으로 나눈다. 자동차 여행과 관련된 은유적 표현은 "헛바퀴를 돌리다" 란 사례에 잘 나타나있다. "궤도에서 벗어나다" 는 기차 여행에, "암초에 걸리다" 는 배 여행에 각각 해당한다. "길이 갈리고 막다른 골목에 다다르고" 등의 표현들은 여행의 노정에 일어날 수 있는 사건들을 표현한다. 사랑 역시 여행과 마찬가지로 멀고 험한 길을 떠나는 것과 같다는 메시지가 여행의 은유 속에 담겨 있다.

등의 관점" 은 우리가 고립된 유사성이라고 부른 것이다.

3. 따라서 은유는 오직 선재하는 유사성만을 기술할 뿐이다. 은유는 유사성을 창조하지 못한다. (Lakoff & Johnson, 1980: 153)

레이코프와 존슨은 비교 이론에 토대를 둔 이 명제들을 인지주의적 관점에서 하나하나 비판한다.

1. 은유는 일차적으로 사고와 행위의 문제이며 이차적으로 언어의 문제이다.
2. a. 은유는 유사성에 토대를 두고 있다. 하지만 많은 경우 이 유사성은 유사성에 토대를 두고 있지 않은 관습적 은유에 토대를 두고 있다. 그럼에도 불구하고 관습적 은유에 토대를 둔 유사성은 우리 문화 속에서 실재적이다. 왜냐하면 관습적 은유는 우리가 실재적인 것으로 생각하는 것을 부분적으로 정의하기 때문이다.
2. b. 비록 은유가 부분적으로 고립된 유사성에 토대를 두고 있다고 하더라도 우리는 앞서 기술한 바와 같이 은유에 의해 창조된 유사성과 같은 중요한 유사성을 발견한다.
3. 은유의 일차적 기능은 한 종류의 경험을 부분적으로 다른 종류의 경험으로 이해하는 것에 있다. 이는 선재하는 유사성, 새로운 유사성의 창조 등을 포괄한다. (Lakoff & Johnson, pp.153-4)

은유는 본질적으로 유사성에 토대를 두고 있다. 서로 다른 두 존재 영역 간에 유사성을 관찰하는 것이 은유의 창조 원리이다. 이런 점에서 전통적인 은유 이론과 인지론적인 은유 이론은 입장을 같이 한다. 유사성을 포착하기 위해서는 우리의 경험이 단순히 체험되는 것이 아니라 지각되는 것이어야 한다. 레이코프와 존슨은 형태 심리학에 기대 "경험적 형태(experiential gestalt)"란[28] 개념을 인간 경험의 지각적 모델로 제시한다. 경험적 형태는 참여자(participants), 부분(parts), 단계(stages), 선적 시퀀스(linear sequence), 인과과정(causation), 목적(purpose) 등 여섯 가지 요소로 구성되어 있다. '참여자'는 경험에 참여하는 사람이나 사물들을 가리킨다. '경험'은 여러 하위 경험들로 세분되는데 '부분'은 이러한 하위 경험들로 구성된다. '단계'는 크게 경험의 성립조건인 예비조건과, 경험의 진행과정을 나타내는 시작, 진행, 종료, 그리고 최종 상태로 이루어져 있다. '선적 시퀀스'는 경험의 시간적 진행 과정을, '인과과정'은 경험의 인과적 진행 과정을 각각 기술한다. 전자가 〈A 다음에 B〉의 형식을 취한다면 후자는 〈A 때문에 B〉란 형식을 취한다. '목적'은 경험을 통해 사람들이 얻고자 하는 바를 가리킨다.

예컨대 축구 경기에 대한 경험적 형태를 기술해보자. 참가자는 축구선수, 감독, 심판, 축구공, 골대, 등이다. 축구 경기는 전반과 후반으로 나뉘어 진행된다. 경기 내내 공격과 수비가 뒤바뀐다. 축구 경기가 성립되기 위한 예비 조건은 11명의 선수로 구성된 두 팀이 사전에 정해진 경기 일정에 따라 경기에 임하는 것이다. 주심의 호각 소리와 함께 경기가 시작되고 진행되며 종료된다. 경기 결과 승자와 패자가 결정된다. 경기는 전후반 각각 45분 동안 진행되며 전반전 이후 10분간 휴식을 갖는다. 공격이 수비를 뚫고 골대에 골을 넣으면 점수가 올라간다. 축구 경기의 목적은 상대팀보다 골을 많이 넣어 승리하는 것이다. 이상에서 약술한 축구 경기의 '경험적 형태'를 도표로 정리하면 다음과 같다.

---

28 Lakoff & Johnson (1980), p.167.

축구의 경험적 형태

참여자	축구선수, 감독, 축구공, 골대 등	
부분	공격과 수비로 나뉨.	
단계	예비조건	축구 경기 성립
	시작	주심의 호각과 함께 경기 시작
	진행	경기 진행
	종료	주심의 호각과 함께 경기 종료
	최종상태	승자와 패자
성적 시퀀스	전반 45분 경기. 10분간 휴식. 후반 45분 경기.	
인과과정	공격이 수비보다 우세하여 골을 넣음. 수비가 공격보다 우세하여 골을 막음.	
목적	승리	

"인간의 도덕과 의무에 대해 내가 알고 있는 모든 것은 축구에서 배웠다"[29]란 카뮈의 노벨 문학상 수상 소감을 이해하기 위해 우리는 축구에 대한 경험적 형태를 참조해야 할 것이다. 바로 이러한 경험적 형태가 우리의 기억 속에 존재하기 때문에, 예컨대 "골키퍼가 있다고 골이 안 들어가나"란 은유가 가능한 것이다.

레이코프와 존슨에 따르면 관습적 은유는 "방향적 은유(orientational metaphors)", "존재론적 은유(ontological metaphors)", "구조적 은유(structural metaphors)" 등 모두 세 가지이다. 앞에서 살펴본 바와 같이 이 세 은유는 모두 인간의 경험에 그 토대를 두고 있다.[30]

우리는 사실 어떤 은유도 그 경험적 토대와 독립하여 이해될 수도, 적

29 『아내가 결혼했다』, p.54.

30 Lakoff & Johnson (1980), p.61.

합하게 표상될 수도 없다고 생각한다.(Lakoff & Johnson, p.19).

방향적 은유와 존재론적 은유가 경험의 물리적 양상—공간의 방향이나 대상 또는 실체에 대한 우리의 물리적 혹은 신체적 경험 등—에 그 토대를 두고 있다면 구조적 은유는 이 경험을 구조화하는 방식, 즉 "은유적 체계성"[31]에 초점을 맞추고 있다. 레이코프와 존슨의 설명을 중심으로 우리 나름대로 이들 각각의 특성을 요약 기술하면 다음과 같다.

방향적 은유	존재론적 은유	구조적 은유
방향적 은유는 여기와 저기, 위와 아래, 안과 밖, 속과 겉, 왼쪽과 오른쪽 등 공간의 방향성을 토대로 우리의 경험을 이해하는 방식을 가리킨다. 〈아무개의 기분이 붕 뜨거나 푹 가라앉다〉, 〈아무개는 표리가 부동이다〉, 〈아무개의 마음이 좁거나 넓다〉, 〈아무개의 사상은 왼쪽으로 기울어 있다〉 등의 표현들이 이에 해당한다. 인간 경험 중에 공간 경험은 매우 원초적이다. 방향적 은유는 바로 이러한 원초적 경험에 그 토대를 두고 있다.	존재론적 은유는 양적으로 표현이 가능한 구체적인 형태의 실체나 대상으로 우리의 경험을 이해하는 방식을 가리킨다. 〈시간은 돈이다〉, 〈시간을 물 쓰듯 쓰다〉, 〈마음이 무너져 내리다〉, 〈사랑이 산산이 깨어지다〉, 〈이야기의 보따리를 풀다〉 등의 표현들이 이에 해당한다. 추상적인 개념을 마치 실체나 대상처럼 가리키거나 셈하거나 묶거나 풀거나 양적으로 표현하는 것이 존재론적 은유의 작동 방식이다. 여기서 존재론적이란 실체적인 것을 가리킨다.	은유는 어떤 면은 감추고 어떤 면은 드러낸다. 〈사랑은 여행이다〉란 은유에서 사랑의 모든 속성이 여행의 모든 속성과 일치하는 것은 아니다. 여행 은유는 사랑의 어떤 면은 드러내고 어떤 면은 감춘다. 은유적 이해는 부분적일 수밖에 없지만 오히려 부분적이기 때문에 개방적이라고 할 수 있다. 방향적 은유와 존재론적 은유가 인간의 경험에 토대를 두고 있다면 구조적 은유는 이 경험을 구조화하는 방식과 관련되어 있다.

은유적 개념은 우리의 경험을 구조화하고 규정하는 인지적 메커니즘이다. 독서 가설을 세우는 작업은 독서의 경험을 구조화하고 규정하는 인지적 활동이라고 할 수 있다. 우리는 은유적 개념을 독서의 가설로 삼고 『아내가 결혼했다』란 소설을 읽어가고자 한다. 우리가 독서

31 Lakoff & Johnson (1980), pp.10-3.

가설로 삼은 은유적 개념은 "결혼은 축구이다" 이다.

3. 두 남자와 한 여자의 이야기

3.1. 독서의 가설

『아내가 결혼했다』는 축구 이야기로 결혼 이야기를 읽는 독서의 한 방식을 담화의 차원에서 예시한 소설이다. 담화 차원의 전개 과정 속에서 이 두 이야기는 끝임 없이 교류하고 소통한다. 하지만 축구 이야기를 싫어하는 독자라면 이 이야기를 빼고 읽더라도 이 소설의 줄거리를 이해하는 데 전혀 지장을 받지 않을 것이다. 그렇다면 이 소설에서 축구 이야기가 갖는 담화상의 기능은 무엇인가? 단지 막간의 흥미를 더해주는 부가적 기능만을 수행하고 있는 것일까? 이 책의 많은 부분에서 우리는 이 질문에 "그렇다"라고 대답하지 않을 수 없다. 그럼에도 불구하고 이 소설은 하나의 독서 가설을 담화의 차원 위에 구현하고 있다는 점에서 매우 흥미로운 서술적 시도를 선보이고 있다. 우리는 이 시도의 일부를 간략하게 살펴보고자 한다.

3.2. 결혼은 축구이다.

때는 1935년 부다페스트. "선량하고 마음씨 고운" 자보는 이 멋진 도시에서 레스토랑을 경영하고 있는 유태인이다. 그에게는 무척 아름다운 애인 일로나가 있다. 어느 날 그는 자신의 레스토랑에 안드라스라는 이름의 한 피아니스트를 고용한다. 안드라스와 일로나는 곧바로 깊은 사랑에 빠진다. 자기 고용인과 함께 긴 밤을 보내고 돌아온 자기 애인을 향해 유태인은 단호한 어조로 이렇게 말한다.

당신을 완전히 가질 수 없다면 반쪽이라도 갖겠어.(p.145).

『아내가 결혼했다』는 폴리아모리라는 다소 심각한 주제를 재밌게 다룬 소설이다. 심각하지만 재밌는 이유는 이 이야기가 다부일처제(多夫一妻制)를 다룬 결혼 이야기이자 축구 이야기이기 때문이다. 물론 이 두 이야기는 서로 다른 별개의 이야기이다. 그럼에도 불구하고 『아내가 결혼했다』는 하나의 이야기라고 할 수 있다. 왜냐하면 이 이야기는 결혼을 축구에 빗댄 이야기이기 때문이다. 섹스를 축구에 빗댄 "환상적이고 황홀한" 한 구절을 인용해보자.

축구 이야기 : 섀도(Shadow) 스트라이커라는 포지션이 있다. 처진 스트라이커라고도 한다. 스트라이커와 공격형 미드필더의 역할을 겸하는 포지션이다. 그런 만큼 득점력과 더불어 플레이메이커로서의 창조적인 감각을 발휘할 수 있어야 한다. 가령 우리나라 국가 대표팀에서 이동국과 안정환의 투톱 시스템을 사용할 경우 위치 선정과 골 감각이 뛰어나 이동국은 전형적인 타깃형 스트라이커로, 횡적인 움직임이 좋은 탁월한 테크니션인 안정환은 그 뒤를 받쳐 주는 섀도 스트라이커로 기용할 수 있을 것이다.(『아내가 결혼했다』,p.26)

섹스 이야기 : 그녀와의 섹스에 대해 말하자면, 한마디로 그녀는 최고의 섀도 스트라이커였다. 그녀는 리드미컬한 움직임으로 빈 공간에 생명력을 부여하는 천재적인 플레이메이커였고 최적의 공간을 찾아 감각적인 터치로 절묘하게 패스해 주는 탁월한 어시스턴트였다. 그녀처럼 아름다운 플레이를 하는 여자를 일찍이 본 적이 없다. 창의적인 플레이, 헌신적인 어시스트. 그녀는 나를 최고의 스트라이커로 만들었다. 이전에 보지

못했던 새로운 세상이 펼쳐졌으며 나는 기쁨에 넘쳐 골세리머니를 펼쳤다. 말로는 다 표현할 수 없다. 얼마나 환상적이고 황홀한 새벽이었는지.(『아내가 결혼했다』, p.27)

레이코프와 존슨이 주장한 개념적 은유로 이 이중의—결혼과 축구—이야기를 요약하면 다음과 같다.

결혼은 축구다.

결혼과 축구는 서로 다른 개념의 장이다. 축구는 결혼의 어떤 면은 드러내고 또 어떤 면은 감춘다. 이런 점에서 이 은유는 구조적 은유에 해당한다. 사람들은 새로운 것을 이해하기 위해 이미 알고 있는 것에서 출발한다. 결혼이 이해하기 어려운 것이라고 가정해보자. 이때 우리가 취할 수 있는 선택은 우리가 이미 알고 있는 것에서 출발하는 것이다. 예컨대 우리가 잘 알고 있는 것이 단 하나 있는데 그것이 축구라고 가정해보자. 우리는 어쩔 수 없이 후자를 통해 전자를 이해할 수밖에 없을 것이다.

소설의 일인칭 화자 덕훈은 자기와 인아와의 결혼 생활을 오직 하나, 축구를 통해 이해할 수밖에 없었다. 왜냐하면 "모든 것이 축구로부터 시작되었기" 때문이다.[32] 한 남자 덕훈은 한 여자 인아와 결혼하고 한 남자의 아내가 된 인아는 또 다른 한 남자 재경과의 결혼을 소망한다. 요컨대 아내는 두 명의 남편을 원한다. 그러던 중 그녀가 아이를 가진 것이다. 이 아이는 누구의 아이인가? 덕훈은 자신의 처지를 비유

32 『아내가 결혼했다』, p.21.

적으로 다음과 같이 개탄한다.

> 전 세계의 수많은 선수들과 감독들이 이렇게 말했다. 인종과 종교와 국적을 불문하고 미리 정해 놓은 것처럼 한 글자도 틀리지 않고 모두 다 똑같이. 앞으로도 누군가는 계속 이렇게 말할 것이다.
> "누가 골을 넣었는지는 중요하지 않다. 중요한 건 팀이 승리하는 것이다."
> 감독의 입장에서는 누가 골을 넣었는지 중요하지 않을 것이다. 그러나 선수들은 좀 다르지 않을까. 아무리 팀의 승리가 우선이라고 해도 선수들은 누구나 자신의 활약으로 팀이 이기기를 바라며 자신이 골을 넣기를 바란다.
> 아내는 투톱 체제의 감독이고 따라서 누가 골을 넣었는가는 중요하지 않다고 생각할 수도 있겠지만 그 빌어먹을 투톱 중 하나인 내 생각은 다르다. 언제 벤치 멤버로 전락할지, 또 언제 방출될지도 모르는 일이다. 부동의 원톱이 되지 못하고 언제까지나 투톱의 하나로 머물러야 한다면 어쩌면 스스로 은퇴 선언을 하고 팀을 떠날 수도 있다. 팀 승리는 팀 승리고 개인 기록은 개인 기록이다. 누가 골을 넣었는지 기록은 정확해야 한다. 사랑은 사랑이고 핏줄은 핏줄이다.(『아내가 결혼했다』,p.274).

위의 지문에 소개된 축구 경기의 대표적인 참가자는 감독과 골잡이이다. 아내가 감독이고 남편이 골잡이이다. 그런데 감독이 투톱 체제를 선호한다. 그래서 팀에 골잡이가 하나 더 있다. 팀의 목적은 승리이고 선수의 목적은 골이다. 감독의 입장에선 누가 골을 넣든 골만 넣으면 그만이다. 하지만 서로 경쟁하는 골잡이들에겐 그렇지 않다. 누가 골을 넣느냐가 그들의 선수 생활을 결정한다. 언제 원톱 체제로 바뀔지 아무도 모르기 때문이다. 투톱 시스템의 경험적 형태를 제시하면 다음과 같다.

참여자	축구감독, 공격수 두 명	
부분	두 명의 공격수가 공격하고 골을 넣음	
단계	예비조건	감독이 투톱 시스템을 운영함
	시작	두 명의 공격수가 공격함
	진행	협력 속에 공격이 진행됨
	종료	한 명의 공격수가 골을 넣음
	최종상태	팀의 승리
성적 시퀀스	전반 45분 경기. 10분간 휴식. 후반 45분 경기.	
인과과정	두 명의 공격수가 협력 또는 경합을 벌이는 과정을 거쳐 골을 넣음	
목적	1) 팀의 승리	2) 공격수의 골

아내는 친자 확인을 하자는 남편의 소청을 대수롭지 않게 받아 넘긴다. 덕훈은 다행이 돈키호테형이 아니라 햄릿형이다. 이런 아내와 함께 계속 살아야 하는가 아니면 당장 이혼해야 하는가? 이 소설의 곳곳에서 주인공은 이렇게 묻고 또 묻는다. 그는 아내를 진심으로 사랑하기 때문에 아내를 온전히 소유하고 싶어 한다. 그런데 그런 아내를 다른 남자도 사랑한단다. 아내를 독차지해야 하느냐 아니면 포기해야 하느냐. 이 책은 정말 이 두 가능성만이 존재하는가라고 묻는다. 그리고 만일 전부를 소유할 수 없다면 반만 소유해도 그렇게 나쁜 결과는 아니지 않는가라고 반문하게 만든다. 요컨대 이 책은 유태인 자보의 현명한 선택이 언제나 가능함을 보여준다. 덕훈은 아내의 뜻에 따라 아내와, 그리고 그녀의 남편과 함께 폴리아모리들이 함께 모여 살고 있는 뉴질랜드의 한 마을로 끝내 이민을 떠난다. 축구 이야기로 시작한 『아내가 결혼했다』는 "모든 것이 무너져도 우리에겐 항상 축구가 있다"는 바티스투타의 말로 끝을 맺는다. 여기서 축구는 무엇을 의미할

까? 축구 선수에게 축구는 인생 그 자체일 것이다. '결혼은 축구이다'란 은유는 사랑의 긴 여정을 마무리하는 자리에서 '인생은 축구이다'란 보다 광범위한 개념의 은유에 자리를 양보한다. 결혼이 "연애의 무덤" 일지라도 삶의 무덤일 수는 없지 않은가?

4. 에필로그 – 소설과 영화

우리는 앞에서 우리가 개관한 '다시 이야기하기'의 관점에서 소설 『아내가 결혼했다』와 이 소설을 원작으로 한 영화를 간략하게 비교분석하고자 한다. 우리는 주로 이들의 차이점에 주의를 기울여 논의할 것이다.

첫째, 시간의 제약. 원작 소설의 분량에 관계없이 영화는 보통 2시간에서 3시간 사이에 하고자 하는 이야기를 모두 이야기해야 한다. 『아내가 결혼했다』를 원작으로 한 영화는 비교적 원작의 스토리를 원형 그대로 재현하고 있다. 다시 말해 원작의 주인공 덕훈이 겪은 여러 가지 '사건들' 을 다시 이야기하는 데 충실하다. 반면 원작 소설의 많은 부분을 채우고 있는 화자 덕훈의 '목소리' 를 생생하게 다시 들려주고 있지는 않다. 스토리에 충실할 것인가? 아니면 서술에 충실할 것인가? 영화감독의 선택은 비교적 분명해 보인다. 덕훈은 영화에서도 간간히 화자로서의 역할을 수행한다. 하지만 영화의 줄거리가 보이스 오버 내레이터에 의존할 수는 없는 것이다.

원작에서 스토리를 이끄는 힘은 폴리아모리라는 아이러니한 상황 속에 빠진 인물 덕훈의 처지를 묘사하는 화자 덕훈의 톡톡 튀는 재담에 있다고 할 수 있다. 소설을 읽는 독자는 인물 덕훈의 역설적인 상황을 화자 덕훈의 입심을 통해 이해하게 되는 반면 영화를 관람하는 관객은 인물 덕훈의 처지를 황당한 고민에 빠진 사람들의 전형적인 행동

패턴을 통해 공감하게 된다. 소설 『아내가 결혼했다』는 결혼 이야기를 축구 이야기에 빗댄 이야기이다. 이 소설의 맛은 이 두 이야기를 함께 읽고 이들을 서로 대조하는 데 있다. 안타깝게도 영화에서 축구는 단순한 소재 이상의 역할을 수행하지 못한다. 원작의 풍부한 축구 이야기에서 결혼과 인생에 대한 다양한 유비추리를 발견하는 데 흥미를 느낀 독자라면 실망이 클 수도 있다. 영상 매체가 갖는 한계 속에서 다시 이야기할 때 말함(diegesis)보다 행함(mimesis)에 더 비중을 두게 되는 것은 어쩌면 당연한 것이다.

둘째, 공간의 제약. 소설은 어디서든 읽을 수 있으나 영화는 영화관에서 관람해야 한다. 전자의 공간이 사적이라면 후자의 공간은 공적이다. 공적 공간에는 항상 검열이 따라다니게 마련이다. 감독은 이러한 공공성의 제약 속에서 원작의 스토리를 재현해야만 한다. 예컨대 소설 속의 정사 장면이 영상으로 그대로 재현되는 것은 아니니다.

셋째, 대화자의 제약. 소설과 영화 모두 불특정 다수를 대화자로 삼는다. 소설의 대화자는 독자이고 영화의 대화자는 관객이다. 그런데 같은 사람이라고 하더라도 독자이냐 관객이냐에 따라 이들의 기대 지평은 각기 다르다. 감독은 이러한 차이를 충분히 감안하여 원작의 스토리를 재해석해야 한다. 흥미롭게도 소설과 달리 영화에서는 덕훈의 친자확인이 이루어진다. 친절하게도 재경은 콘돔을 사용했다는 사실을 덕훈에게 고백한다. 이 고백으로 덕훈은 아내에 대한 의심을 거두고 신뢰를 회복한다. 반면 원작 소설은 친자확인의 문제를 끝까지 미결로 남겨둔다. 소설의 내용과 영화의 내용 사이에 발생한 이러한 차이는 무엇을 말해주고 있는가? 감독이 단지 원작에 충실하지 않았다고 그를 비난함으로써 이들의 어긋남을 바로 잡을 수 있을 것인가? 사실 '누구에게' 이야기할 것인가란 문제는 앞서 지적한 대로 이 '누군가'의 독해 능력과 무관하지 않다. 소설이란 장르를 대할 때의 독자와 영화라는 장르를 대할 때의 관객은 비록 동일한 사람이라고 하더라도 각기 다른 기대 지평을 가지고 있는 것으로 간주해야 한다. 작가와 감독은 이 점을 충분히 고려해 작품을 쓰고 영화를 찍는 것이다. 소설이 영화로 만들어질 때 비단 서술 방식에서 차이가 날 뿐만 아니라 종종 스토리의 내용이 바뀌는 이유는 이처럼 독자와 관객이 지니고 있는 기대지평과 독해능력이 서로 다르기 때문이다.

넷째, 매체의 제약. 매체의 변화는 서술 방식에 새로운 태도와 접근을 요구한다. 소설의 화자가 지닌 독특한 목소리와 시선이 영화에서는 카메라의 눈으로 대체된다. 원작 『아내가 결혼했다』에서 일인칭 화자 덕훈은 영화 속에서 자신의 목소리가 아닌 자신의 행동으로 관객에게 자신의 생각을 직접 보여주어야만 한다. 그런데 그의 이러한 행동은 영화 속의 모든 인물들이 행하는 행동들과 정확히 동일한 층위에 속하며, 또한 정확히 동일한 층위에서 이루어진다. 다시 말해 그는 화자로서의 특권적인 지위를 카메라에 양도해야 하며[33] 이야기의 세계 속에서 하나의 인물로서 행동해야 한다. 그는 오직 자신의 '행동'으로 '말'해야 한다. 카메라의 눈은 항상 화자의 눈보다 더 높은 서술적인 층위에 위치해 있다. 그 결과 화자의 '말'이 갖는 독점적인 지위는 박탈당한다. 화자는 단지 인물-화자로서의 위상을 잠시 회복할 수 있으나 결코 자신의 이야기 밖으로 완전히 나갈 수는 없다. 화자의 목소리와 시선은 결국 사건의 중립적인 전개 과정 속에서 그 독특한 맛을 잃어버리게 된다. 특별히 이 맛을 즐기는 독자에겐 영화 『아내가 결혼했

33 사실 카메라의 눈은 서술의 문제라기보다 초점화의 문제와 관련되어 있다. 우리는 여기서 이 두 문제를 뚜렷이 구분하지 않고 단지 소설과 영화에서 화자와 인물의 위상이 다르다는 사실을 강조하고자 한다.

다』는 비록 그 스토리의 전개 과정이 비교적 원작에 충실했다고 하더라도 『돈키호테』 속에 등장하는 이발사와 신부처럼 원작을 복사한 이 영상 콘텐츠에 대해 필경 냉정한 평가를 내리게 될 것이다.

영상 매체는 주로 사건 중심으로 이야기의 매듭을 풀어간다. 예컨대 『해리포터』와 같은 소설이 영상 매체와 호흡이 잘 맞는 이유는 이야기의 기승전결이 사건 중심으로 이루어져 있기 때문이다. 『아내가 결혼했다』는 이런 점에서 영상 매체에 적합한 스토리로 구성되어 있다고 보기 어렵다. 주지하다시피 이 소설은 남성중심주의에 깊숙이 물든 한국 사회에 폴리아모리라는 새로운 성 담론의 지평을 연 소설이다. 이 소설은 사건이 아닌 주제 의식을 중심으로 이야기의 끈을 이어간다. 화자 덕훈의 재담이 돋보이는 이유는 바로 이 주제를 다루는 그의 독특한 서술 방식에 있다고 할 수 있다. 아내가 결혼했다는 황당한 사건을 '보는' 것만으로 원작이 '들려주는' 주제의식을 충분히 표현하기에 영화는 매체가 갖고 있는 근본적인 한계를 가지고 있다고 하겠다. 왜냐하면 인물의 행동은 관객에게 매우 투명하지만 그 의미에 대해서는 아무런 말도 해주지 않기 때문이다. 반면 소설 속의 화자는 독자에게 자신의 고민을 보다 분명하게 털어놓을 수 있다. 소설을 읽는 독자는 그의 고민을 들으며 그의 처지에 공감하게 된다. 반면에 영화를 관람하는 관객은 어쩌면 덕훈보다는 손예진이 분한 인아란 캐릭터에 더 큰 매력을 느낄 수 있을 것이다.

이상에서 우리가 열거한 소설과 영화의 차이점들을 다음과 같이 요약해볼 수 있지 않을까? 소설 『아내가 결혼했다』는 두 번 결혼한 아내를 둔 남편의 황당한 고백에 서사의 무게 중심을 두고 있는 반면에 영화 『아내가 결혼했다』는 두 번 결혼한 아내의 당찬 매력에 카메라의 눈을 맞추고 있다고.

5

전형과 장르

서사로 읽는 서사학

5

전형과 장르

1. 전형과 범주

새의 사전적 정의는 다음과 같다.

> 몸에 깃털이 있고 다리가 둘이며, 하늘을 자유로이 날 수 있는 짐승을 통틀어 이르는 말.

참새는 몸에 깃털이 있고 다리가 둘이며 하늘을 자유로이 날 수 있는 짐승으로 위의 정의에 정확하게 부합하는 새이다. 타조는 깃털이 있고 다리가 둘이며 비록 하늘을 자유로이 날 수는 없지만, 그래도 새이다. 펭귄은 몸에 비늘 같은 매끈한 깃털이 있고 다리 모양을 한 물갈퀴가 둘이며 하늘이 아닌 바다를 자유로이 헤엄칠 수 있는 동물이지만, 그래도 여전히 새이다. 반면 박쥐는 몸에 털이 있고 다리가 둘이며 하늘을 비교적 자유로이 날 수 있는 짐승임에도 불구하고 새가 아니다. 참새는 정말 새 같은 새이고, 타조는 새 같지 않은 새이며, 펭귄은 정말 새가 아닌 것 같은데 새이고, 박쥐는 새가 아님에도 불구하고 새 같아 보인다. 왜 그럴까?

펭귄은 알을, 박쥐는 새끼를 낳는다는 과학적 지식을 앞세워 우리의 이러한 편견을 바로 잡는 것이 이 질문에 접근하는 올바른 방식은 아니다. 왜곡된 인식이라도 어느 정도 공감이 간다면 이 인식은 필경 지식의 한 형태로 존재한다. 위의 물음은 이 지식의 참과 거짓이 아니라 이 지식의 존재 방식을 묻는 물음이다. 이 지식은 특정 개인의 주관이 아니라 특정 집단의 상호주관에 의해 형성된 것으로, 이 지식의 양태는 인지심리학의 핵심 주제 중의 하나이다. 인지심리학에 따르면 새의 이미지는 새의 정의에 의해 논리적으로 결정되는 것이 아니라 새의 모범적인 사례들을 중심으로 형성된다. 새는 어떤 동물인가란 질문이 아니라 새다운 새는 어떤 새인가란 질문이 이 모범적인 사례들을 결정한다. 이 사례들은 구체적인 형태로 일정한 순서에 따라 기억의 공간 속에 자리를 잡고 있다. 흥미롭게도 이들이 존재하는 방식은 개인마다 큰 차이를 보이지 않는다. 예컨대, 새다운 새가 어떤 새일까? 라고 묻는다면 우리는 필경 피험자로부터 참새나 독수리라는 답변을 듣게 될 것이다. 그렇다면 새의 사례들을 분류하는, 전혀 객관적이지는 않지만 그렇다고 해서 아주 주관적이지도 않은 어떤 원리가 피험자의 이러한 반응 속에 작용하는 것은 아닐까? 세계의 구성 요소들을 분류하는 과학적 범주만이 존재하는 것이 아니라 이처럼 상호 주관적인 지식의 바탕 위에 구축된 경험적 범주가 존재한다. 이 범주의 구성 원리는 무엇인가? 전형은 인지심리학에서 이러한 경험적 범주화의 문제를 다루고자 제안된 가설이다.

기억의 공간 중심에 배치되어 있는 모범적인 사례들(central good

examples)이란 전형적인 사례들을 가리킨다. 기억의 공간이 크게 내부와 외부로 양분되어 있다고 가정해보자. 내부는 다시 중심과 주변, 그리고 경계로 세분된다. 전형적 사례들은 이 공간의 중심에 위치한다. 예컨대 참새, 독수리, 비둘기 등이 이 중심을 차지하고 있다. 이들은 새 중의 새들이다. 이 중심에서 멀어질수록 전형에서 벗어난 사례들(secondary examples)이 공간의 주변을 차지한다. 날개는 가지고 있으되 날지 못하는 닭, 타조 등이 이 주변에 위치한다. 마침내 내부와 외부의 경계에 이르게 되면 새와 非새의 구분이 매우 모호해진다. 펭귄, 박쥐 등이 이러한 경계에 속한 사례들(peripheral examples)이다. 나비가 아무리 하늘을 자유로이 날 수 있다고 하더라도 우리는 나비를 새라고 하지 않는다. 나비는 경계를 완전히 벗어난, 새의 공간의 외부에 속한 사례이다.

어떤 것이 새인지 아닌지를 결정하는 것은 심리학자가 아닌 조류학자의 몫이다. 논리학자나 심리학자는 새 그 자체가 아닌 새에 대한 표상을 다룬다. 좀 더 구체적으로 논리학자는 논리적인 표상을, 심리학자는 경험적인 표상을 다룬다. 예컨대 다음과 같은 새에 대한 표상이 존재한다고 가정해보자.

어떤 것이 날면 그것은 새이다.

논리 의미론에서는 이 표상의 옳고 그름을 필요충분조건에 의해 설명한다. 위의 표상을 다음의 두 명제로 나누어 살펴보자.

p : x는 난다.
q : x는 새이다.

논리 의미론에서 p의 술어 '난다'는 새의 지시적 자질에 해당한다. 우리는 이 자질의 목록에 '깃털을 가진'이나 '두 발이 있는' 등을 얼마든지 추가할 수 있다. 어떤 것이 새이기 위한 필요충분조건이란 다음의 두 조건 ①과 ②가 동시에 만족된 경우를 가리킨다.

① p이면 항상 q이다.
② q이면 항상 p이다.

새의 범주를 이 두 조건에 따라 정의하면 타조와 펭귄은 새가 아닌 반면 박쥐는 새이다. 새의 지시적 자질들—예컨대 몸에 깃털이 있고 다리가 둘이며 하늘을 자유로이 날 수 있다는 등의—을 세분하여 p의 조건에 포함시킨다 하더라도 새의 범주를 논리 의미론적으로 정의하는 것은 불가능하다. 새의 이런 저런 지시적 특성들을 자질 술어들로 환언하는 것은 언제든지 가능하다. 언제든지 가능하기 때문에 자질 목록은 닫힌 집합을 형성하지 않는다. 다시 말해 ①이 만족되더라도 ②가 만족되지 않은 경우가 언제든지 발생할 수 있다. 따라서 필요충분조건이 성립되지 않는다. 사실 우리가 지금까지 사용한 새라고 하는 용어 자체가 과학적 분류를 위한 것이 아니라 우리의 일상적인 경험에 의해 그 의미가 한정되어 있는 것이다. 과학적 분류 용어는 새가 아니라 조류이다. 조류라는 용어를 사용할 때는 학술적으로 잘 정의된 개념으로서 사용해야 한다. 반면 새는 그렇지 않다. 인지심리학에서는 이 새를 기초 층위 범주(basic level category)에 속한 개념으로 정의한다. 바로 이 층위에서 새에 대한 논리적 혹은 과학적 표상이 아닌 경험적 표상이 형성된다.

기초 층위는 세계에 대한 우리의 경험이 표상되는 가장 기본적인 층위이다. 이 층위는 펠리컨, 부엉이, 구관조 등 하위 층위로 세분화될 수도 있고 척추동물, 동물 등 상위 층위로 수렴될 수도 있다. 예컨대 가장 새다운 새가 무슨 새이냐 라는 질문이 타당성을 갖는 층위가 바로 이 기초 층위이다. 우리는 가장 앵무새다운 앵무새가 무슨 앵무새냐고 묻지 않으며 가장 동물다운 동물이 무슨 동물이냐고 묻지 않는다. 전자의 질문은 지나치게 세부적이며 후자의 질문은 지나치게 광범위하다. "오늘 비 와?" 라고 물을 때 우리는 예컨대 "비가 올 확률이 15%야" 라고 말하지 않는다. 그냥 "비가 올 확률이 낮아" 라고 대답하는 것으로 충분하다. 기초 층위는 이처럼 우리의 일상적인 대화가 이루어지는 층위이기도 하다. 바로 이 층위에서 공통의 경험이 축적되고 이를 바탕으로 공통의 지식이 축적된다. 이 층위에 속한 범주는 필요충분조건이 아니라 퍼지(fuzzy) 형태의 논리를 따른다. 퍼지 논리란 참과 거짓으로 양분된 양가(兩價) 논리가 아니라 참도 거짓도 아닌 경계의 존재를 인정하는 다가(多價) 논리이다. 예컨대 가족 유사성이 이러한 논리의 한 유형이다. 이 논리에 의해 형성된 집합 a, b, c, d가 있다고 하자. a는 b를 닮았고, b는 c를 닮았고, c는 d를 닮았다. a와 d는 닮은 곳이 하나도 없다고 하자. 그럼에도 불구하고 이 둘이 하나의 가족으로 묶일 수 있는 것은, a가 닮은 b가 c를 닮았고, 이 c가 d를 닮았기 때문이다. 새의 가족은 대가족이다. 이 가족 구성원 모두가 서로 닮은 것은 아니다. 참새는 깃털이 달린 날개를 가지고 있고 날 수 있다. 타조는 비록 날 수는 없지만 깃털이 달린 날개를 가지고 있다. 이런 점에서 타조는 참새와 닮은 한 가족이다. 펭귄은 날개를 가지고 있지만 이 날개로 나는 대신 헤엄을 친다. 날개의 기능은 다르지만 그 모양이 비슷하다는 점에서 펭귄 또한 새의 가족을 구성하는 한 일원으로 고려될 수 있다. 물론 바로 이런 점들 때문에 타조와 펭귄은 참새와 가까운 가족이라기보다 상당히 먼 친척쯤으로 느껴진다. 가족 유사성은 과학적인 것도 논리적인 것도 아니다. 그렇다고 해서 완전히 자의적인 것도 아니다. 가족 유사성을 결정하는 우리의 판단 속에는 레비스트로스(Lévi-Strauss)가 구체의 논리라고 부른 논리의 한 형태가 작용하고 있다. 전형성은 바로 이 논리를 바탕으로 형성된다.

우리가 앞에서 제기한 질문으로 되돌아가자.

> 참새는 정말 새 같은 새이고, 타조는 새 같지 않은 새이며, 펭귄은 정말 새가 아닌 것 같은데 새이고, 박쥐는 새가 아님에도 불구하고 새 같아 보인다. 왜 그럴까?

이 질문에 대한 인지심리학의 답변은 간단하다. 새의 경험적 범주화에 우리가 지금까지 살펴본 전형의 효과가 작용하고 있기 때문이다. 이 효과에 대한 연구는 오늘날 다양한 분야에서 진행되고 있다. 문학 분야로 우리의 관심을 돌려보자.

2. 인지과학과 문학

우리가 살고 있는 실제 세계가 아닌 우리가 상상하는 문학 세계 속에 투영된 새의 이미지를 살펴보자. 다음은 유리왕이 지은 것으로 추정되는 황조가이다.

> 펄펄 나는 저 꾀꼬리
> 암수 서로 정다운데
> 외로운 이 내 몸은
> 뉘와 함께 돌아갈꼬

『마음과 마음의 스토리, 서사적 보편소와 인간의 감정 *The mind and Its Stories, Narrative Universals and Human Emotion*』에서 호건(Hogan)은 낭만적 사랑 이야기에서 새의 이미지는 우연히 형성된 것이 아니라고 주장한다.[34] "펄펄 나는" 새는 하늘 위에 나는 새이다. 레이코프와 존슨(1981)에 따르면 위와 아래의 대립은 긍정과 부정, 행복과 불행, 선과 악, 정신과 물질 등의 대립에 상응한다. 박상우의 『내 마음의 옥탑방』에서도 위에 위치한 옥탑방은 비록 물질적으로는 빈곤하지만 정신적으로는 풍요로운 공간으로 묘사된다. 우리의 개념 속에 천당은 항상 위에 있고 지옥은 항상 아래 있다. 레이코프와 존슨이 언급한 이러한 방향의 은유는 시대와 장소를 초월하여 인류가 공유하는 감정에 그 토대를 두고 있다. 「황조가」에 묘사된 암수 서로 정다운 꾀꼬리의 모습과 홀로 외로운 시인의 모습은 위와 아래의 대립으로 형상화되어 있다. 여기서 '위'는 행복을, '아래'는 불행을 상징한다. 호건에 따르면 낭만적 사랑 이야기 속에 새의 이미지가 자주 등장하는 것은 위가 갖는 이러한 긍정적인 가치 때문이다.[35] 유리왕이 후대에 서정시가 아니라 영웅시를 남겼다면 필경 꾀꼬리 대신 곰이나 호랑이가 등장했을 것이다.

호건은 이처럼 시대와 장소를 초월하여 등장하는 문학적 요소를 "문학적 보편소"라고 부른다. 이 보편소에 대한 호건의 가설은 다음과 같다.

문학적 보편소가 특정 영역 속에 특정한 목적으로 적용된, 구체적인

---

34 Hogan (2003), p.26.

35 Hogan (2003), p.26.

> 인지적 구조와 과정의 직접적인 산물이라고 하는 것이 참으로 나의 주장이다. (Hogan, 2003:4).

이 가설은 인지주의 가설이다. "세계 문학" 속에 공통의 요소들이 존재한다.[36] 이 요소들이 문학적 보편소들이다. 인지주의 가설에 따르면 이들이 보편적인 이유는 이들이 인간의 "보편적인 인지적 구조와 과정"의 "산물"이기 때문이다. 호건은 이 가설을 바탕으로 "문학적 보편소에 대한 연구가 인지적 연구의 하위 분야"라고 주장한다.[37] 문학은 이제 언어학, 심리학, 인공지능, 인류학 등과 함께 인지과학의 하위 분과 학문으로서 자리를 잡게 된 것이다. 호건의 또 다른 주장을 인용해보자.

> 이런 점에서 인지과학이 단지 문학적 보편소 연구에 중요한 것만이 아니다. 문학적 보편소 연구가 인지과학에 동일하게 중요하다.(Hogan, 2003: 4).

문학과 인지과학은 서로 동등한 자격으로 도움을 주고받을 수 있다. 요컨대 문학적 보편소는 문학 연구뿐만 아니라 인지과학에서도 중요한 연구대상이다.

호건에 따르면 "문학적 보편소" 혹은 "서사적 보편소"는 "감성적 보편소"이다.[38] 특별히 문학은 인간 감정의 인지적 구조와 과정을 밝히는 데 공헌할 수 있다. 인간의 감정은 저절로 생기는 것이 아니라 특

36 Hogan (2003), p.7.

37 Hogan (2003), p.4.

38 Hogan (2003), p.2.

정한 상황 속에서 특정한 사건이 발생함으로써 촉발된다. 사연이 없는 감정은 있을 수 없다. 황조가는 유리왕이 부인 치희를 잃은 슬픔을 노래한 시이다. 치희는 유리왕의 또 다른 부인 화희와 다투다 자신의 고국인 한나라로 떠난다. 유리왕은 치희를 찾아 다시 고구려로 돌아올 것을 권하지만 결국 실패하고 만다. 오틀리(Oatley)와 존슨-레어드(Jonshon-Laird)에 따르면 "감정이란 사실 서사적 구조 속에서 특정한 목적을 성취하는 데 성공 혹은 실패한 것에 대해 주인공 자신이 내린 평가의 산물이다."[39] 이들의 관점에서 볼 때 유리왕이 지금 겪고 있는 감정, 즉 고독과 슬픔은 치희를 설득하려는 자신의 서사적 목적을 결국 이루지 못한 것에 대해 자기 스스로가 내린 평가의 산물이라고 할 수 있다. 인간의 감정의 배후에는 이처럼 극적인 이야기가 존재한다. 이 이야기를 고려하지 않은 감정에 대한 논의는 모두 공허하다. 역으로 감정에 호소하지 않은 이야기는 이야기답지 않다. 호건은 전형적 서사와 非전형적 서사를 감정의 몰입 정도에 따라 구분할 것을 제안한다.(Hogan 2003: 87). 그는 서사와 감정의 이와 같은 "밀접한 관계"를 다음과 같이 정식화한다.

> 우리의 목적을 위해 결정적인 것은 다음과 같다. 즉, 서사는 감정과 밀접한 관계를 맺고 있다는 것이다. 반대로 언어 예술의 심적 영향은 그 서사적 구조와 분리하여 논의될 수 없다.(Hogan 2003: 5).

호건은 "서정시는 서사와 분리되어 있지 않으며" "서정시와 전형적 서사 그리고 감성적 전형 사이의 관계는 절대적 보편소라고" 주장한

---

39 Hogan (2003), p.76.

다.[40] 오틀리와 존슨-레어드에 따르면 "감정은 이야기에 삽입되어 있다."(Hogan 2003: 83). 황조가가 실연의 상처를 노래한 서정시냐 아니면 종족간의 대결을 상징하는 서사시냐 라는 논쟁은 이 둘의 "밀접한 관계"를, 다시 말해 "절대적 보편소"의 존재를 고려할 때 보다 흥미로운 결론에 도달할 수 있을 것이다. 요컨대 뮈토스와 파토스가 함께 하는 것이 절대적 보편소이다. 이들이 함께 하는 방식에 따라 호건은 전형 서사의 유형을 세 가지로 나눈다. 이들은 전형적인 서사적 장르들이다. 우리는 전형의 효과가 장르의 유형학에 어떤 영향을 미치는가를 살펴보고자 한다.

3. 전형과 장르

호건에 따르면 서사가 추구하는 궁극적인 감정은 행복(happiness)이다.[41] "그리고 그들은 영원히 행복하게 잘 살았습니다."란 평가가 서사의 전형적인 결말을 장식한다. 영원한 행복은 세 가지 층위에서 각기 다른 모습을 띤다. 첫째, 물리적 층위. 이 층위에서 행복은 물적 풍요를 뜻한다. 둘째, 개인적 층위. 이 층위에서 행복은 개인적 욕망의 만족을 뜻한다. 셋째, 사회적 층위. 이 층위에서 행복은 사회적 이상의 실현을 뜻한다. 이 세 층위에 희생제의 희비극 서사, 로맨스 희비극 서사, 영웅 희비극 서사가 각각 상응한다. 이 세 서사들은 전형 서사들로 오직 이 세 서사들만이 경험적으로, 그리고 이론적으로 검증 가능한 전형 서사들이란 것이 호건의 주장이다. 이들은 서사의 "보편적 장르들"이다.[42] 호건의

40 Hogan (2003), pp.153-4.

41 Hogan (2003), p.91.

단호한 주장을 인용해보자.

> 더욱 중요하게 나는 이 구조들이 보편적 전형 서사 구조의 범위를 철저히 규명한 것들이라고 믿고자 한다. 이러한 나의 확신은 경험적이고 동시에 이론적이다. 경험적으로 이들은 문화 상호간 자료 속에 항구적으로, 그리고 두드러지게 등장하는 구조들이다. 이론적으로 물리적, 개인적, 사회적 (특별한 전형이 결여된 것과 같은 영적 맥락에 대한 선행 분석에 따르면) 맥락을 넘어 또 다른 공통의 맥락이 존재할 것이라고 상상하는 것은 어렵다. 물론 나는 완벽한 확신을 가지고 이를 주장할 수는 없을 것이다. 사실 아이누의 자료를 읽기 전 나는 단지 두 가지 전형 서사 구조만이 존재하리라고 생각했다. 과연 누가 미래에 나나 혹은 누군가가 네 번째 패턴과 맥락을 발견하지 못하리라고 말할 수 있겠는가. 하지만 현 수준에서는 이 세 구조들이 모든 것처럼 보인다. (Hogan 2003: 183)

호건에 따르면 이 세 전형 서사는 모든 서사의 "삼분의 이" 혹은 "사분의 삼" 정도를 차지한다고 한다.[43] 극빈 사회에서는 주로 희생제의 희비극 서사가, 대중소비사회에서는 로맨스 희비극 서사가, 군사 사회에서는 영웅 희비극 서사가 다수를 차지한다.[44] 전형 서사는 "행위자(agent)"와 "목적(goal)" 그리고 "인과적 시퀀스(causal sequence)"로 구성되어 있다.[45] 호건은 "결과적 인과성(efficient causality)"과 "궁극

42 Hogan (2003), p.185.

43 Hogan (2003), p.185.

44 Hogan (2003), p.185.

45 Hogan (2003), p.205.

적 인과성(final causality)"을 구분한다. 전자가 대상들 간의 순수한 물리적 관계를 표상하는 것이라면 후자는 행위자가 추구하는 목적과 이 목적을 이루기 위한 수단과의 합목적적 관계를 가리킨다.[46] 호건의 표현을 빌려 전형 서사의 인과적 시퀀스를 세 문장으로 축약해보자.

> 주인공이 목적을 상실하다. 주인공이 목적을 추구하다. 주인공이 목적을 성취하다.(Hogan 2003: 217-8)

행복이란 행위자가 자신이 추구하는 어떤 목적을 성취하였을 때 느끼는 감정이다. 전형 서사는 항상 행에서 불행으로, 혹은 불행에서 행으로 이어지는 플롯 라인을 형성한다. 행위자는 목적을 추구하는 과정에서 필연적으로 개인적 차원과 사회적 차원에서 발생하는 갈등을 겪게 된다. 희생제의 희비극 서사에서 이 갈등은 사회의 성스러운 약속을 한 개인이 위반함으로써 촉발된다. 위반은 사회 전체에 불행을 몰고 온다. 그 결과 사회는 물리적 결핍에, 예컨대 기근에 허덕인다. 오직 희생 제물을 성스러운 존재에게 바침으로써 사회적 차원의 치유가 가능해진다는 것이 희생제의 희비극 서사의 기본적인 설정이다. 로맨스 희비극 서사에서 갈등은 연인들 간의 신분 혹은 경제적 차이에서 비롯된다. 이 차이는 단순히 개인적 차이가 아니라 사회가 공인한 차이이다. 연인들은 사랑의 결합을 위해 이 차이에 도전한다. 이로 인해 연인들은 시련을 겪게 된다. 사회적 규범에 대한 개인적 차원의 극복이 로맨스 희비극 서사의 기본 플롯이다. 반면 영웅 희비극 서사에서는 개인적 차원의 희생을 통해 사회적 차원의 질서가 회복된다. 영웅

46 Hogan (2003), p.218.

은 자신의 개인적 이해관계를 떠나 대의명분을 위해 봉사한다. 전형 서사의 갈등 관계를 도표로 요약하면 다음과 같다.

전형 서사의 갈등 관계

	개인적 차원	사회적 차원
희생제의 희비극 서사	개인적 위반과 희생	성스러운 약속
로맨스 희비극 서사	연인과의 결합	(신분 혹은 경제적 차이)
영웅 희비극 서사	(개인적 이해관계)	대의명분

행위자는 자신의 목적을 추구하는 과정에서 조력자의 도움을 받을 수도 있고, 적대자의 방해에 부딪힐 수도 있다. 희생제의 희비극 서사에서 적대자는 성스러운 약속의 위반을 유도하는 유혹자이다. 로맨스 희비극 서사에서 적대자는 연적이고, 영웅 희비극 서사에서 적대자는 정적이다. 적대자들은 대개 이기적인 동기에 의해 음모를 꾸민다. 전형 서사의 기본 플롯은 주인공이 조력자의 도움을 받아 적대자를 물리침으로써 최초의 질서를 다시 찾는 방식으로 구성되어 있다.

여기서 조력자와 적대자란 용어는 호건이 그레마스의 행위소 모델에서 차용한 것이다. 호건에 따르면 이 두 행위소는 문학적 보편소들에 해당한다. 주지하다시피 그레마스의 행위소 모델은 러시아 형식주의자인 프로프가 민담 연구를 통해 밝힌 31가지의 기능을 논리적 관점에서 연역한 보편 모델이다. 이 모델을 구성하는 여섯 가지 행위소들 - 발신자, 수신자, 주체, 대상, 조력자, 적대자 - 은 형식적 보편소에 해당한다. 반면 호건이 제시한 문학적 보편소들은 논리적으로 연역한 것도 아니며 프로프의 러시아 민담 사례 연구처럼 한 지역에 국한된 것도 아니다. 호건의 문학적 보편소들은 "세계 문학"을 대상으로 진행된 경험적 연구를 통해 귀납적으로 검증된 경험적 보편소들이다. 그레마스의 연역적 방법론과 호건의 귀납적 방법론은 비록 그 이론적 출발점은 이처럼 서로 다르지만 놀랍게도 그 결론은 상당히 유사하다. 전형서사의 "행위소 모델"은 다음과 같다.

목적

↑

조력자 → 행위자 ← 적대자

호건이 논구한 전형 서사의 플롯 구조를 좀 더 자세하게 소개하면 다음과 같다.

① 사회적 갈등. 특히 사회적으로 대표성을 띤 인물과의 갈등. 몇몇 개인주의적 성향의 적대자들에 의해 갈등이 유발됨.
② 대상의 결핍. 영웅의 유배 혹은 투옥
③ 죽음 혹은 죽음의 이미지. 죽음과도 같은 상태.
④ 개인에서 사회로, 혹은 자연으로 위협 혹은 고통의 확장
⑤ 영웅과 조력자와의 불화와 화해. 적대자를 물리치고 처벌함.
⑥ 대상의 재획득. 유배지로부터의 귀환. 가족과의 상봉. 재생의 이미지. 정화 의식.
⑦ 영화

위의 7단계는 서로 거울상의 형태를 취하고 있다. ①에서 촉발된 사회적 갈등은 ⑤에서 해소된다. ②에서 영웅의 죽음과 대상의 결핍이 발생하고 ⑥에서 영웅의 귀환과 대상의 재획득이 이루어진다. ④에서

는 위험의 사회적 확산이, ⑦에서는 행복의 사회적 일반화가 진행된다. 오직 ③의 단계만이 쌍을 이루지 않고 고립되어 있다. 죽음의 이미지를 상징하는 이 단계는 극적 긴장을 최고조에 다다르게 한다. 호건이 도표로 요약 제시한 각 장르별 플롯 구조를 정리하면 다음과 같다.

희생제의 희비극 서사	로맨스 희비극 서사	영웅 희비극 서사
① 성스러운 약속의 위반 (사회적으로 대표성을 띤 인물로서의 신적 존재와의). 종종 몇몇 개인주의적 성향의 유혹자들이 강요함.	① 연인들과 사회적으로 대표성을 띤 인물과의 사회적 갈등. 종종 연적에 의해 갈등이 유발됨.	① 영웅과 (사회적으로 대표성을 띤) 통치자 / 정적 / 찬탈자
② 식량의 부족. 풍요의 땅으로부터의 유배.	② 연인들 간의 이별. 연인의 유배. 연인의 유폐 혹은 유괴.	② 찬탈 (= 왕권 혹은 법적 지위의 상실). 영웅의 유배 혹은 투옥.
③ 사람들의 죽음. 죽음의 이미지.	③ 연인의 죽음 혹은 죽음의 이미지.	③ 영웅의 죽음 혹은 죽음의 이미지.
④ 기근으로 인한 사회적 위기.	④ 연인들의 사회적 차이 (예컨대 계급적)에 의한 갈등의 일반화 혹은 연인들의 고통과 슬픔의 일반화.	④ 침략으로 인한 사회적 위기. (혹은 사회적 투쟁)
⑤ 사회와 희생양과의 갈등. 희생을 통한 사회 (순수한 이형) 혹은 위반자의 처벌. 추방 혹은 처벌된 경쟁자 / 유혹자를 물리침.	⑤ 연인들 간의 갈등과 화해. 적대자를 물리침.(예컨대 부모). 연적의 추방 혹은 처벌.	⑤ 영웅들 간의 불화와 화해(예컨대 왕과 전사들). 최초의 영웅 혹은 상속자가 사회적으로 대표성을 띤 적대자 / 정적 / 찬탈자를 물리치고 처벌함.
⑥ 식량을 되찾음. 풍요의 땅으로의 귀환. 가족의 회복과 재회. 의식의 제정.	⑥ 유배지로부터 영웅의 귀환. 연인들의 재회. 부모와 자식 간의 화해. 재생의 이미지. 결혼.	⑥ 영웅의 귀환. 왕권 혹은 법적 지위의 복원. 가족과의 재회. 재생의 이미지 (상속자의 탄생). 대관식이나 관련된 의식.
⑦ 사회와 신과의 화해. 천상의 삶의 가능성.	⑦ 연인들의 영화(죽음 이후의 재회 혹은 천상의 장소에서의 재회)	⑦ 고통의 후기. 최후의 영화.

4. 분석 사례

이상에서 소개한 전형 서사의 문학적 보편소는 "개별 문학 작품의 자질"이라기보다 "문학 전통의 자질"이라고 할 수 있다.(Hogan 2003: 17). 또한 문학적 보편소는 모든 작품에 적용되는 것도 아니고 모든 문학 전통에 해당하는 것도 아니다. 우리는 우리 문학 전통 속에서 나타난 세 전형 서사의 특징을 위에서 호건이 제시한 각 단계별 특징에 따라 비교 검토해보고자 한다. 우리가 간략하게 요약 제시할 우리 문학의 전형적 장르에 속한 작품들은 심청전, 춘향전, 홍길동전이다. 우리는 위의 도표를 구성하는 각각의 칸에 해당하는 스토리의 내용을 아래와 같이 요약하여 제시하였다.

심청전	춘향전	홍길동전
① 어느 날 심봉사는 물에 빠져 죽을 뻔한 자신을 구해준 한 중으로부터 공양미 삼백석이면 눈을 뜰 수 있다는 이야기를 전해 듣는다. 심봉사는 심청이에게 어렵게 이 이야기를 꺼내고 효녀인 심청이는 아버지의 소원을 들어줄 결심을 한다. 심봉사는 비의도적으로 심청이의 효심을 자극해 개인적인 이익을 얻는다.	① 춘향과 이도령 간의 신분의 차이. 이들의 결합은 이도령의 부모님의 반대에 부딪힘.	① 홍길동은 탁월한 재능과 원대한 꿈을 지니고 있음에도 불구하고 서자라고 하는 사회적 신분으로 인해 자신의 꿈을 펼 수 없음을 깨달음. 신분 사회와의 갈등.
② 심봉사는 자신의 어리석은 욕심으로 하나뿐인 효녀 심청이를 잃는다.	② 이도령이 가족과 함께 한양으로 떠남.	② 자신이 속한 신분 사회를 떠남.
③ 심청이 인당수에 투신함.	③ 이도령의 부재. 춘향이는 변사또의 수청을 거절하고 죽음의 위기에 처함.	③ 사회로부터 완전히 격리됨. 사회의 이방인이 됨.
④ 심봉사 가족의 몰락	④ 변사또가 기생의 딸인 춘향이를 업신여김. 신분 격차의 일반화.	④ 탐관오리들의 횡포에 의해 신분 사회의 위기가 확산됨.

심청전	춘향전	홍길동전
⑤ 재혼한 심봉사는 뺑덕 어미에게 모진 고난을 당함. 자신의 어리석음을 후회함. 국모가 된 심청이가 아버지를 그리워하여 장님을 위한 연회를 베풂.	⑤ 춘향은 이도령에 대한 자신의 정절을 지킴. 이도령이 암행어사가 되어 돌아옴. 변 사또가 행한 학정의 죄를 물음.	⑤ 활빈당을 창설한 홍길동은 탐관오리들을 처벌함.
⑥ 국모가 된 심청이와의 재회.	⑥ 이도령과 춘향의 재회. 춘향은 정절이라는 보다 보편적인 가치를 수호함으로써 자신과 이도령과의 사랑에 장애가 된 신분적 차이를 극복함.	⑥ 홍길동을 체포하는 데 결국 실패한 임금은 홍길동의 요청에 따라 그에게 병조판서의 벼슬을 내림. 홍길동의 오랜 숙원인 신분의 차이를 극복함.
⑦ 가족의 회복. 심봉사는 눈을 뜸.	⑦ 이도령과 춘향의 결혼.	⑦사회를 떠나 또 다른 나라를 세움.

6

『달콤한 나의 도시』에 관한 네 가지 물음

서사로 읽는 서사학

6

달콤한 나의 도시 에 관한 네 가지 물음*

1. 문학 능력

독자는 독서과정 속에서 끊임없이 문제를 제기하고 나름대로의 해법을 탐구한다.[47] 조너선 컬러(J. Culler)는 이야기의 끈을 이어가는 독자의 이러한 독해 능력을 "문학 능력"으로 정의한 바 있다.[48] 구조주의 서사학의 입장에 따르면 서사 텍스트를 서사 텍스트답게 만들어주는 "서사의 구조", 즉 서사성은 서사 텍스트 속에 내재한다.[49] 반면 1990년대 이후 전개된 인지주의 시학이나 서사학에서는 서사성이 서사 텍스트와 독

* 6장은 『기호학연구 24집』에 실린 「『달콤한 나의 도시』에 관한 네 가지 물음」을 수정 보완한 것이다.

47 현재 영미 서사학계를 중심으로 인지주의 논쟁을 이끌고 있는 허먼Herman은 서사를 "수많은 맥락 속에서 문제 해결의 전략problem-solving strategy in many contexts"으로 정의한다.(2003:163). 이 논문에서 우리는 이 전략에 따라 『달콤한 나의 도시』를 읽어가고자 한다.

자의 상호작용, 다시 말해 문제를 제기하고 해결하는 독자의 "독서 과정" 속에 존재하는 것으로 상정한다.[50] 우리는 이러한 가설에 입각하여 정이현 작가의 『달콤한 나의 도시』를 읽어가고자 한다.

우리는 특히 인지주의 시학에서 사용하는 스키마와 전형 개념을 참조하여 논의를 전개해 나갈 것이다. 이 두 개념에 대한 설명은 작품 분석과 더불어 제시하고자 한다. 우리는 『달콤한 나의 도시』를 서사학적 분석의 대상이자 서사학적 개념을 설명하기 위한 일종의 도구로 활용하고자 한다. 서사학을 통해 서사 텍스트를 설명할 수도 있지만 또한 서사 텍스트를 통해 서사학을 이해할 수도 있다는 것이, 우리의 이러한 이중적 접근이 전제로 삼고 있는 작업가설이다.

우리는 자문자답하는 방식으로 우리 독서의 과정을 재구성할 것이다. 소설이 세상에 대한 물음이라면 우리는 이 물음을 우리 스스로에

---

48 컬러Culler는 촘스키의 언어 이론을 모델로 문학 이론을 재구성할 필요가 있음을 역설한다. 그에 따르면 문학 이론은 독자들이 터득한 문학 능력에 대한 일종의 문법으로 정의될 수 있다. 독자들이 이 능력을 반드시 의식하고 실행하는 것은 아니다. 언어학자와 마찬가지로 문학 이론가는 암시적으로 존재하는 규칙을 명시적인 문법 모델로 제시해야 한다. 변형생성 문법 모델에 영향을 받은 이 주장은 독자 반응 이론의 관점에서 새롭게 해석됨에 따라 인지주의 시학이나 서사학에서 여전히 흥미로운 가설로 논의되고 있다.('Literary Competence' , in Reader-Response Criticism editied by Jane P. Tompkins 1980, p.109).

49 예컨대 구조 서사학의 창시자 중의 하나인 바르트Barthes의 다음의 말을 인용해 보자. "Where then are we to look for the structures of narrative? Doubtless, in narratives themselves." (Barthes 1977: 81). 구조주의적 관점에서 서사의 구조란 서사성을 가리킨다. 이 서사성은 서사 속에 내재한다는 것이 구조 서사학자의 주장이다.

50 스톡웰Stockwell(2002)은 인지 시학이 문학 텍스트에 대한 연구가 아니라 문학적 독서 행위에 대한 연구임을 강조한다. 그의 말을 인용해 보자. "Cognitive poetics is all about reading literature" (Stockwell 2002: 1). 오늘날 대부분의 영미 서사학자들은 이러한 입장에 동조한다. 이러한 입장은 이저Iser(1978)에 기원을 둔 독자 반응 이론에서 비롯된다. 인지주의 서사학은 독자 반응 이론과 인지과학의 결합으로 형성된 새로운 서사 이론이라고 할 수 있다.

게 다시 던짐으로써 궁극적으로 소설의 의미를 묻고자 한다. 『달콤한 나의 도시』(이후 『도시』)는 다음과 같은 물음으로 시작한다. "옛 애인의 결혼식 날. 사람들은 뭘 할까?"[51]

2. 질문 하나. – 옛 애인의 결혼식 날. 사람들은 뭘 할까?

이 소설의 화자는 누구나 다 공감하는 이야기로 이 질문에 대한 답변을 대신한다.

> 혼자서 훌쩍 여행을 떠나버릴 수도 있겠지. 남태평양의 해변가에 누워 칵테일 주스를 한 모금 마시면서 까짓것 쿨하게 행복을 빌어주는 거다. 아니면 돌멩이가 잔뜩 든 배낭을 메고 북한산에 오르거나 걸어서 잠수교를 횡단할 수도 있을 것이다. 하산하는 강 위에 돌멩이를 하나씩 버리다가 혹은 찰랑이는 강물을 물끄러미 내려다보다가, 갑자기가 울음을 터뜨려도 좋겠다.(『도시』, p.9)

실연을 이기는 방법이 자못 다양하기는 하지만 글을 읽어 내려가면서 우리는 어느덧 이러한 해법에 공감하게 된다. 우리가 살고 있는 사

---

51 『도시』, p.9.

52 스키마 외에 스크립트Script(생크Schank와 아벨슨Abelson), 프레임Frame(민스키Minski), 시나리오, 등이 인공지능이나 인지과학에서 사용되는 용어들이다. 이들은 모두 관습적 지식의 형식적 구조를 표상하는 고유한 방식을 지칭한다. 스톡웰Stockwell(2002)에 따르면 이들 가운데 스키마란 용어가 보다 포괄적인 개념을 담고 있다. 우리는 이 논문에서 그의 이러한 견해에 따라 스키마란 용어로 통일하여 사용하고자 한다.

회 속에는 확고부동하지는 않지만 누구나 다 공감이 가는 매우 실용적인 공통의 지식이 존재한다. 이 지식을 인공지능에서는 스키마[52]란 개념으로 공식화한다. 1970년대 고안된 이 개념은 1990년대 서사학에 본격적으로 도입되기 시작하면서 인지주의 시학의 부흥을 예고한다.[53] 서사 텍스트는 다양한 스키마들이 작동하는 놀이의 장이라고 할 수 있다. 이 장에 대한 연구를 통해 우리는 인지의 개인적 차원뿐만 아니라 사회적 차원에 대한 보다 더 깊은 이해에 도달할 수 있을 것이다.[54]

인공지능의 목적은 단순히 정보를 입력, 저장, 출력하는 것이 아니라 특정한 문제 상황에서 인간을 대신하여 적절한 해법을 제공하는 인지적 능력을 갖춘 기계를 설계하는 것이다. 예컨대 레스토랑에서 서빙하는 로봇을 제작한다고 하자.[55] 이곳에서 발생할 수 있는 다양한 문제 상황들에 자동으로 대처해나가기 위해서는 이곳에서 이루어지는 전형적인 행동양식이 사전에 프로그램화되어 있어야 한다. 로봇은 바로 이 프로그램화된 사전 지식을 바탕으로 올바른 판단을 내리고 요구되는 해당 과제를 적절하게 수행하게 된다. 레스토랑에서 이루어지는

53 인공지능에서 이 개념이 1970년대 제안될 당시 이미 스키마와 스토리 간의 구조적 유사성이 언급되기 시작한다. 예컨대 생크와 아벨슨은 스토리를 이해하는 과정에 스크립트가 반드시 필요하다고 역설한 바 있다. 다음의 인용문을 보자. "Thus while it is possible to understand a story without using a script, scripts are an important part of story understanding. What they do is let you leave out the boring details when you are talking or writing, and fill them in when you are listening or reading" (1977:41).

54 허먼은 다음과 같이 단언한다. "Narrative thus affords an optimal environment for social cognition" (2003: 164). 문학이 인지과학에 기여할 수 있는 부분은 바로 인지의 이러한 사회적 차원이라고 할 수 있다.

55 2008년 4월 18일자로 언론에 독일의 뤼른베르크의 로봇 레스토랑이 소개된 바 있다. 이 레스토랑은 주문, 서빙, 계산 등이 모두 자동화되어 있다. 이 사례는 인간의 행동 양식이 관습화되면 관습화될수록 자동화될 수 있음을 보여준다.

전형적인 행동양식이 바로 '레스토랑 스키마'[56]이다. 이 스키마는 크게 〈들어가기〉, 〈안내받기〉, 〈주문하기〉, 〈식사하기〉, 〈계산하기〉 등으로 구성되어 있다. 어느 식당에 들어가든 언제나 동일한 행동의 패턴이 반복되는 것을 관찰할 수 있다. 스키마는 이러한 관찰을 토대로 모델링된 것이다. 문제 상황이란 패턴화된 규범적 지식이 적용되는 사회적 맥락을 가리킨다.

'실연'이란 맥락 속에 예시된 위의 다양한 해법이 그런대로 공감이 가는 이유는 '실연'의 스키마에 대한 공통의 지식이 독자인 우리에게 존재하기 때문이다. 〈여행 떠나기〉, 〈행복 빌어주기〉 혹은 〈울음 터트리기〉 등이 이 스키마의 중핵을 형성한다. 이에 망각, 체념, 비애 등의 주제 의식이 결부된다.

이러한 규범적 지식을 활용하여 우리는 다양한 지적 활동을 전개해 나갈 수 있다. 추상적인 개념을 구체적인 이미지로 이해하는 은유적 사고는 바로 이러한 인지적 활동 중의 하나이다. 예컨대 연애를 쇼핑의 스키마로 투사해보자.

> 쇼핑과 연애는 경이로울 만큼 흡사하다.
> 한 개인의 파워를 입증하는 장(場)일뿐더러, 그 안에서 자신과 비슷한 취향을 가진 공동체에 속해 있다는 정서적 안도감을 느낀다. 여유로운 시간과 젊음이 있을 때는 경제력이 받쳐주지 않고, 경제력이 생겼을 때는 여유로운 시간과 젊음을 돌이킬 수 없다. 그리고 무엇보다, 한 사람이 사용할 수 있는 재화의 양이 한정되어 있다.(『도시』, p.114).

---

56 스키마 모델의 적용 사례 가운데 필경 가장 많이 언급되고 있는 것이 레스토랑 스키마일 것이다. 이 모델은 우리가 앞서 인용한 생크와 아벨슨이 스크립트란 개념으로 최초로 소개한 것이다.(Schank & Abelson 1977: 42-6)

우리는 여기서 "연애는 쇼핑이다"라는 레이코프와 존슨(1980)이 언급한 "개념적 은유"를 상정해볼 수 있다.[57] 연애라고 하는 추상적인 개념은 여기서 쇼핑이라는 구체적인 이미지로 매핑(mapping) 된다. "시간"과 "젊음"과 "경제력"이 다투는 파워의 장이 쇼핑이라고 한다면 예컨대 연애는 쇼핑에 다름 아니란 것이 화자의 주장이다. 이러한 은유적 매핑이 지향하는 바는 연애도 쇼핑과 마찬가지로 젊음과 경제력이 반비례 관계에 놓여 있는 투쟁의 장이란 점이다.[58] 『달콤한 나의 도시』의 주인공인 은수는 이 투쟁의 장에서 선택을 강요받는다. 연애의 그래프에서 젊지만 경제력이 없는 태오가 x축의 한 끝에 위치한다면 젊지 않지만 경제력이 있는 김영수는 y축의 한 끝에 위치한다. 이 상황 속에서 선택을 망설이는 은수를 두고 친구 유희는 다음과 같이 힐난한다.

> 잘 생각해봐. 넌 항상 안정된 관계를 꿈꾸는데 그게 안 된다고 불평하잖아. 근데 그 이유는 남자들이 저마다 하나씩 결격 사유가 있기 때문이지? 태오는 스위트하지만 장래성이 없고, 또 영수 씨는 부족한 게 없어 보이지만 사실 결정적인 매력 한 방이 없고.(『도시』, p.328-9).

은유적 사고는 단지 수사적 전략뿐만 아니라 개념의 장을 혁신함으

---

57 Lakoff & Johnson (1980), p.4. "개념적 은유"란 개념은 은유가 단지 언어적 혹은 수사적 차원에 머물러 있지 않고 인간의 인지 능력과 깊은 관련이 있다고 하는 주장을 담고 있다. 레이코프에 따르면 은유적 사고는 추상적인 것을 구체적인 것으로 해석하는 인지적 능력이라고 할 수 있다.

58 우리는 "연애는 쇼핑이다"라는 개념적 은유 보다 더 상위에 속한 개념적 은유로서 "사랑은 전쟁이다"를 상정해볼 수 있을 것이다.

로써 우리의 이해의 지평을 확장시켜준다. 호건(2003)이 단언한대로 문학은 인지과학의 하위 학문으로 이처럼 인간의 인지적 능력을 탐구하는 실험의 장(場)을 제공한다.[59]

작가는 독자 공동체가 공유하고 있다고 전제되는 규범적 지식을 활용하여 이야기의 보따리를 풀어간다. 인지주의 시학에서 스키마나 개념적 은유에 특별히 주목하는 이유는 바로 여기에 있다. 좀 더 정확히 표현하자면 작가는 이러한 공통의 지식을 활용하여 독서의 과정을 조정하려고 다양한 서사적 전략을 수립한다. 이 가운데 '낯설게 하기'[60]는 다함께 공감하는 상식을 깨트리는 데 그 목적을 두고 있다. 예컨대 다음의 서술적 전개 과정을 살펴보자.

> 맞선을 본 남자와 여자가 두 번째로 만났을 때, 남자가 여자에게 건네는 첫인사에는 몇 가지 패턴이 있을 것이다. "그동안 어떻게 지내셨어요?" 정도가 무난하겠다. "더 예뻐지셨네요" 라는 접대성 맨트를 던질 수도 있으리라. 하지만 그 남자 김영수는 나를 보자마자 말했다.
> "참치, 드시죠?" (『도시』, pp.122-3)

맞선을 본 두 남녀가 두 번째로 만났을 때 남자의 첫 인사에는 공감이 가는 "몇 가지 패턴"이 존재한다. 이처럼 양식화된 행동에 대한 사

59 문학과 인지과학과의 관계에 대해 호건Hogan은 다음과 같이 단언한다. "In this way, cognitive sceince is not only important to the study of literary universals. The study of literary universals is equally important for cognitive science" (Hogan 2003: 4).

60 이 개념은 러시아 형식주의자인 슈클로프스키가 고안한 개념이다. 컬러에 따르면 낯설게 하기가 작가의 글쓰기 전략이라면 독서의 과정은 낯선 것을 친숙하게 하고 자연스럽지 못한 것을 자연스럽게 만드는 과정이다. 이 두 과정 모두 작가와 독자 사이에 존재하는 공통의 지식에 기반을 두고 있다. 이 문제와 관련하여 Culler (1975) 참조.

전 지식이 우리에게 존재한다. 위에서 작가는 이 지식을 활용하여 독서의 기대 지평을 조정하고 있다. 반전의 형식으로 전개되는 이와 같은 서술 방식을 통해 작가는 김영수란 인물에 고유한 성격을 부여하고 있다. 독자인 우리는 점차 이 엉뚱한 인물에 빠져든다.

그런데 규범적 지식의 형식화 모델로서 스키마는 이처럼 작가가 독서의 과정을 조정하는 수단일 뿐만 아니라 독자가 독서 과정 속에서 자연스럽게 수립하게 되는 독서 전략의 인지적 기제이기도 하다. 왜냐하면 상식이 깨어지는 순간 독자 측에서 진정한 물음이 시작되기 때문이다. 다시 첫 물음으로 돌아가자. "옛 애인의 결혼식 날. 사람들은 뭘 할까?"

가령 이날 출근을 해야 했고 친구들과 수다를 떨고 정식으로 초대받지 않은 자리에서 만난 연하의 한 낯선 남자와 러브호텔에서 원나잇 스탠드를 했다면, 그리고 무엇보다도 울지 않았다면? 우리라면 상상할 수 없는 일이겠지만 31살의 은수라면 비로소 어른이 되었다는 생각에 자못 뿌듯해 할 것이다. 독자는 상식을 깨는 이러한 스토리에 매료된다. 그리고 이를 이해하고자 노력한다. 낯선 것을 친숙하게 만드는 것이 조너선 컬러가 말한 독서의 "자연화"(naturalization)[61] 과정이다. 일반 독자는 바로 이런 과정에 몰입함으로써 서사 텍스트의 서사성을 구축하게 된다. 우리가 지금 수행하고자 하는 독서도 바로 이러한 과정에 다름 아니다. 관심의 초점을 단숨에 이야기의 처음에서 끝으로 옮겨보자.

'성년의 날' 로 시작한 『달콤한 나의 도시』는 2006년 6월 5일로 이야기의 매듭을 짓고 있다. 놀랍게도 이날 역시 '옛 애인의 결혼식 날' 이

61 주) 15 참조.

다. 아니, 옛 애인이 되어버린 김영수와 결혼식을 올리기로 택일한 날이다. 구조주의의 시대가 저물었다고 작품에 내재적인 구조가 사라진 것은 결코 아니다. 우리는 소설의 시작과 끝에서 동일한 사건이 반복되는 것을 확인할 수 있다. 이러한 서사적 반복 속에 작품의 어떤 내밀한 구조가 숨겨져 있는 것은 아닐까?

옛 애인의 결혼식 날 은수는 태오를 만나 열정적인 밤을 보낸다. 열정은 식고 사랑이 끝난 다음 오랜 만 - 김영수와 헤어진 다음 - 에 태오를 다시 찾아간 은수는 불현듯 다음과 같이 묻는다.

> "참, 6월 5일에 뭐해?" (『도시』, p.430)

역사는 비록 돌이킬 수 없지만 끊임없이 되풀이되는 것이 아닐까? 아니 억압된 것의 되돌아옴처럼 되풀이되는 것은 무의식적 욕망이 아닐까? 이 소설은 다시 시작하는 은수의 이야기에서 시작해서 또 다시 시작해야 하는 은수의 이야기로 끝을 맺는다.

> "6월 5일? 일주일 남았네. 글쎄. 촬영 중이겠죠, 뭐." (『도시』, p.430)

"곤두박질치듯 비가 쏟아져 내린" 6월 5일 이날 한 버스 정류장에서 은수는 두 손 가득 빗물을 담아 입술에 가져다 댄다. 소설은 다음과 같이 끝을 맺는다. "아무 것도 느껴지지 않는다. 서울의 맛이다"[62]. 무심한 태오의 대답처럼 나의 도시 서울의 맛은 결코 달콤하지 않다. 독자인 우리는 이 끝에서 다시 시작해야 한다. 이제 우리는 보다 진지한 질

62 『도시』, p.441.

문을 제기할 준비를 해야 한다. 그런데 왜 『달콤한 나의 도시』 인가 ?

3. 질문 둘. – 그런데 왜 달콤한 나의 도시 인가 ?

두 번이나 실연을 당한 여인에게 이 질문을 던질 수는 없는 노릇이다. 더군다나 인물은 말을 하지 않는다. 다만 행동할 뿐이다. 그렇다면 정이현 작가에게 물어야 하는가? 바르트에 따르면 “작가는 죽었다”.[63] 죽은 자가 무슨 말을 할 수 있겠는가? 서사학의 기본 테제는 모든 서사 텍스트에는 이야기를 들려주는 화자가 반드시 존재한다는 것이다. 화자의 흔적을 서사 텍스트에서 완전히 지우고자 했던 신소설은 비록 흔적을 지우는 데 성공했을지언정 화자의 존재 그 자체를 폐기하지는 못했다.[64] 인지주의 서사학에서는 화자의 소멸을 오히려 고도의 서술 전략으로 평가한다.

여기서 잠간 채트먼(Chatman(1978))이 제시한 서사 텍스트의 커뮤니케이션 모델을 일별해보자.

실재작가 - 내포작가 - 화자 - 인물 - 대화자 - 내포 독자 - 실재독자

이 소설의 화자는 ‘나’ 이고 주인공도 ‘나’ 이다. 쥬네트(Genette, 1972)

63 Barthes(1968), pp.61-7.

64 슈탄젤Stanzel은 헤밍웨이의 생략의 기법을 소개하면서 화자의 부재가 독자로 하여금 생략되지 않은 것에 대한 의미를 묻도록 자극한다고 지적한다.(Stanzel 1997(1986): 189). 결국 이러한 부재는 의도적이고 전략적인 것이다. 비록 그 모습을 뚜렷하게 나타내지 않는다 하더라도 모든 서사는 서술 행위의 주체인 서술자를 상정한다고 할 수 있다.

의 용어를 빌어 표현하자면 이 소설은 동종서사(récit homodiégétique)의 한 형태인 자기서사(récit auto diégétique)이다. 정이현 작가가 실재작가이다. 그의 작품을 읽는 아무개가 실재독자이다. 실재작가와 실재독자는 피와 살을 지닌 '누군가'로 존재한다. 화자는 31살의 오은수이다. 이 화자는 피와 살이 없는 허구적인 구성물일 뿐이다. 화자 오은수는 인물 오은수가 태오와 우연히 만나 원나잇 스탠드한 일화를 다음과 같이 서술한다.

> 더 이상의 세부적인 부분은 말하지 않겠다. 프라이버시는 지켜져야 하니까. 다만 그는 훌륭했다. 여러모로 그랬다. 중요한 순간에 한 박자 쉬면서까지 콘돔을 찾느라 부스럭댄 것만 보아도 그의 침대 매너가 가히 짐작되지 않는가.(『도시』, p.32)

화자 오은수는 과연 누구에게 말을 건네고 있는가? 화자는 오직 대화자에게만 말을 전달할 수 있다. 서사학적으로 대화자와 실재독자를 이론적으로 혼동해서는 안 된다. 물론 위의 인용문에서처럼 일치하는 경우가 얼마든지 존재할 수 있다. 인물 화자가 서술하는 동종서사에서 독자는 이 화자를 통해 스토리의 세계로 안내를 받는다. 웨인 부스(W. Booth, 1961)는 독자에게 다음과 같이 자문할 것을 주문한다. 그는 신뢰할만한가?[65] 예컨대 은수의 친구 재인과 유희에 대한 그의 판단을 일례로 살펴보자. 지금 은수는 태오와 영수 모두로부터 데이트 신청을

---

65 채트먼Chatman(1990)은 서사 텍스트에서 두 가지 유형의 신뢰성의 문제가 제기될 수 있다고 지적한다. 첫 번째 유형의 문제는 서술자의 설명과 텍스트가 함의하는 것 사이에 발생하는 다툼이고 두 번째 유형의 문제는 등장인물의 지각이나 개념이 서술자가 말하는 것과 일으키는 다툼이다.(Chatman 1990: 149).

받아놓은 상태이다.

> 어서 결정을 내려야 했다. 태오를 바람맞히고 김영수와 저녁을 먹으러 갈 것인가? 재인이라면 두 번 생각도 안 하고 그런 결정을 내렸을 것이다. 그렇지만 약속 시간을 한 시간도 안 남겨 두고 취소하는 건 큰 결례다. 유희라면 "조금이라도 더 섹시한 남자랑 먹어"라고 충고할 것이다. 나는 오은수다. 어느 쪽의 기회비용이 더 큰지 판단할 사람은 바로 나였다. 내가 진정 원하는 건 뭘까? (『도시』, p.80).

위와 같은 상황 속에서 재인과 유희가 실제로 위와 같은 충고를 했을 것인가? 내적 화자로서 인물화자는 외적 화자보다 객관적일 수 없다. 따라서 신뢰감도 떨어진다. 하지만 그의 말에는 체험된 무엇이 묻어있다. 슈탄첼(Stanzel, 1979(1986))의 용어를 빌어 표현하자면 "서술적 자아(narrating self)"는 "체험적 자아(experiencing self)"와 일체를 이루며 이야기에 실존적 의미를 부여한다. "내가 진정 원하는 건 뭘까?" 욕망의 대상에 대한 이 보편적 물음은 선택을 요구하는 매우 구체적인 실존적 상황 속에서 제기된다. 친구들의 가상적인 조언은 문제의 해결에 도움을 주기보다 욕망의 대상에 대한 은수의 물음을 더욱 촉진시킨다. 『달콤한 나의 도시』는 이 물음의 힘을 빌려 스토리를 이끌어간다.

내적이든 외적이든 화자는 오직 이야기만을 들려준다. 그렇다면 이야기의 의미를 묻는 우리의 두 번째 질문은 누구를 겨냥해야 하는가? 웨인 부스는 작가의 "또 다른 자아"[66]로서 내포작가란 개념을 제안한

66 부스Booth는 내포 작가를 "작가의 제2의 자아"the author' s second self라고 규정한다.(Booth 1961: 67).

다. 이 개념은 서사학에서 많은 논쟁을 불러 일으켰다.[67] 채트먼에 따르면 화자는 말하고 내포작가는 의미한다.[68] 리몬-캐넌(Rimmon-Kenan)은, 말을 할 수 없는 내포작가는 커뮤니케이션의 주체가 될 수 없다는 비판을 가한 바 있다.[69] 이러한 비판적 입장은 툴란(Toolan)에게 그대로 계승된다.[70] 채트먼은 아이러니 현상을 설명할 수 있기 위해서는 내포작가란 이 개념이 여전히 필요하다고 역설한다. 주지하다시피 아이러니는 이런 말로 저런 것을 의미하는 수사적 전략을 가리킨다. 그렇다면 '달콤함' 은 역설적으로 빗물의 '밋밋함' 을 뜻하는가? 대답을 잠시 뒤로 미루어보자.

킨트(Kindt)와 뮐러(Müller)에 따르면 웨인 부스에게 내포작가는 수사적 전략을 넘어 의미 해석의 규범이나 관습으로 정의되기도 한다.[71] 따라서 우리의 질문은 다음과 같이 보다 구체적인 형태를 띠어야 할 것이다. 『달콤한 나의 도시』는 과연 '달콤한' 로맨스 소설인가? 달콤함의 의미를 묻는 우리의 질문은 이제 로맨스 소설의 장르적 특징을 묻는 거시적 차원의 질문으로 탈바꿈한다.

---

67 내포작가에 대한 최근의 논쟁은 Kindt & Müller(2006) 참조.

68 채트먼Chatman에 따르면 내포작가는 "의도" intention가 아니라 "의미" intent를 지니고 있다.(Chatman 1990: 74).

69 Rimmon-Kenan(1983), 87-8 참조.

70 Toolan(1988), pp.76-8 참조.

71 킨트Kindt & 뮐러Müller(2006)는 함축저자를 "텍스트 이면의 공준된 주체" postulated subject behind the text로 정의한다. 이 주체는 다시 의도적이냐 비의도적이냐에 따라 세분된다. 공준된 주체에 대한 의도적 모델은 다시 가설적 지향주의와 실재적 지향주의 관점에 따라 다시 양분된다. 비의도적 모델은 화용론이냐 아니면 관습이냐에 따라 역시 양분된다.

4. 질문 셋. – 달콤한 나의 도시 는 로맨스 소설인가?

로맨스 스토리는 한 마디로 사랑 이야기이다. 7살 연하인 태오와의 "아방가르드적" 인 사랑에서 은수는 요컨대 항상 "소주"와 "초콜릿" 사이를 오고간다.[72] 어쨌든 원나잇 스탠드로 만난 사이치고 둘 모두 꽤나 운이 좋았던 것 같다. 하지만 쓰고 단 현재의 이중적 시간 속에서 은수는 끊임없이 선택을 유보한다. 왜 그랬을까? 선한 미소를 가진 태오와의 스위트한 '오늘' 의 사랑에는 '내일' 이 보이지 않았기 때문일까? 아니면 자꾸 "올바르지 않은 길" 로 걸어가는 그와의 내일이 역설적으로 너무나도 선명했기 때문일까?[73] 은수는 전부를 건 "어린 연인" 의 순정어린 사랑에 안타깝지만 전부를 걸지 않는다. 먼저 하나 된 몸은 결국 하나 된 마음을 이루지 못한다. 달콤한 사랑은 가고 "쓰디쓴 자책" 만이 강한 상흔으로 남는다.[74] 선택하지 않기로 선택한 삶에서 선택은 항상 주어지기 마련이다. 그녀의 존재 역시 이미 이러한 실존적 상황에 의해 선(先)결정되어 있는 것으로 고백된다.

> 만일 나에게 태어나고 싶은 도시를 직접 고르라고 했다면, 십중팔구 나는 현재 이 세상에 존재하고 있지 않을 것이다. 1975년 이래로 아직까지 결정을 내리지 못하고 우물쭈물 망설이고만 있을 게 틀림없으니 말이다.(『도시』, p.52).

---

72 『도시』, p.324.

73 『도시』, p.157.

74 『도시』, p.223.

존재뿐만 아니라 사랑도 마찬가지다. 내일에 대한 계획을 흰 종이에 적어보라는 은수의 제안을 태오는 단호히 거절한다. 결국 태오가 은수를 떠난다. 그리고 30대 미혼 여성은 달콤한 사랑을 포기하고 빗물처럼 밋밋한 평범한 가정을 설계하기 시작한다. 그녀는 엄마의 바다 속에 더 이상 인어로 떠돌기를 거부하고 뭍으로 나와 두 발로 서서 걷는 안정된 삶을 영위하기로 결심한다. 그런데 이러한 삶은 과연 안정된 삶인가?

뭍에 사는 왕자님은 대한민국의 "멀쩡"한 보통 남(男)을 대표하는 김영수이다.[75] 우리는 여기서 다음과 같은 질문을 되풀이해야 한다. 『달콤한 나의 도시』는 과연 '전형적'인 로맨스 서사인가?

호건에 따르면 개인적 차원의 사랑이 사회적 규범에 의해 갈등을 겪게 되는 것이 로맨스 서사의 전형적인 플롯 구성이다. 사회적 규범은 신분의 차이, 경제적인 수준, 가문의 내력 등의 형태를 취한다. 『로미오와 줄리엣』은 이런 점에서 로맨스 서사의 전형이다. 두 집안의 반대는 죽음을 불사한 이들의 영원한 사랑으로 극복된다. 『신데렐라』에서는 신분의 차이가, 『파리의 연인』에서는 빈부의 격차가 모두 사랑의 이름으로 극복되고 해소된다. 반면 『달콤한 나의 도시』는 어떠한가? 가령 은수와 태오와의 사랑 이야기가 나이의 차이에서 비롯된 사회적 통념에 의해 방해를 받는 방식으로 전개되었다면 이들의 로맨스는 보다 전형적인 형태를 띠었을 것이다. 그런데 이들의 로맨스는, 사회적 통념이 아닌 "우리가 나누었던 그 짧은 시간이 정말로 사랑이었을까?"[76]라는 되물음에 번번이 그치고 만다. "자기는 나를, 왜 사랑해요?"[77]

75 『도시』, p.77.

76 『도시』, p.223.

라는 태오의 질문은 "자기는 나를 사랑한다"를 전제한다. 이 전제 자체가 잘못된 것이 아닐까? 이 같이 반문하며 은수는 "예민하고 순수하며 매력적인"[78] 연인의 질문을 끝내 회피한다. 오히려 사랑이 무엇이냐고 스스로에게 묻고 또 물을 뿐이다. 로맨스의 플롯 라인은 이처럼 기(起)에서 승(承)으로 빠르게 이동하지만 전(轉)에 이르지 못한다. 그래서 결(結)도 없다. 김영수와의 만남에서도 결코 이 질문은 진지하게 제기되지 않는다. 다만 결혼이 문제될 뿐이다. 은수는 그에게 끌리기보다 그냥 "동질감"만을 느낀다.[79] 물론 동질감이 차츰 사랑으로 발전해가지만 직장을 잃고 엄마가 가출하고 실연의 위기에 처한 그녀에게 단지 "정상적인 인생의 알리바이"가 절실히 필요했던 것은 분명한 사실이다.[80] 동질감에서 오는 하나 된 마음에 은수는 용기를 내 김영수에게 먼저 청혼한다. '기'에서 시작한 은수의 모험은 '승'과 '전'을 뛰어 넘어 곧바로 '결'로 치닫는다. 그러나 하나 된 몸을 이루는 데 실패하고 결국 그와 또 헤어진다. 그렇다면 이번엔 도대체 무엇이 문제란 말인가?

전형적인 로맨스 스토리에 따르면 이 둘의 결혼을 가로막는 요컨대 사회규범적인 방해 요인이 뒤따라야 한다. 이들이 극복해야 하는 것은 그러나 사회적 통념이 아니다. 오히려 이러한 통념은 이들의 신체적, 이데올로기적 결합을 부추긴다. 내심 은수네 집안은 이 결혼이 싫지 않는 내색이다. 은수의 친구 재인 역시 시댁이 미국에 있으니 더할 나위 없는 조건이라고 오히려 시샘한다. 유희만이 실연의 돌파구로 결혼

77 『도시』, p.159.
78 『도시』, p.255.
79 『도시』, p.270.
80 『도시』, p.255.

을 선택하지 말 것을 충고할 뿐이다. 사실 오은수와 김영수의 결혼을 방해하는 것은 가치론적인 것이 아니라 존재론적이다.

결혼을 앞둔 은수는 엉뚱하게도 "김영수는 누구인가?" 란 질문에 부딪힌다. 결론은, "김영수는, 김영수가 아니다" 이다.[81] 바로 이러한 반전이 이 소설을 전형적인 로맨스 서사로 규정하기에 어려운 부분으로 작용한다. 한 가지 더 추가하자. 호건에 따르면 전형적 로맨스 서사는 적대자가 출현하여 연인들의 사랑을 방해하는 방식으로 전개된다. 예컨대 『신데렐라』의 언니들이 이러한 적대자들이다. 『파리의 연인』에서는 한 연인을 앞에 두고 형제들 간에 다툼이 벌어진다. 그런데 『달콤한 나의 도시』에서 김영수와의 결혼을 방해하는 연적은 예컨대 태오가 아니라 김영수의 존재 그 자체이다. 이러한 설정은 전형적인 로맨스 서사와 어울리지 않는다. 게다가 로맨스 장르에 갑자기 미스테리적 요소가 개입한다. 열일곱 살 때 사고로 친구를 죽게 하고 감옥에서 스무 살을 맞이한 '그' 는 출소 후 사회라는 더 큰 감옥에 갇힌 것을 곧바로 깨닫게 된다. 이 사회적 굴레로부터 벗어나기 위해 그는 자살을 시도하기도 한다. 이때 그를 구해준 사람이 김영수이다. 김영수는 자기를 버리기로 결심한 사람이다. 우리는 왜 그가 이러한 결심을 하게 되었는지 알 수 없다. 그냥 가짜 김영수가 여행 중에 만난 진짜 김영수로만 소개되어 있을 뿐이다. 이러한 빈약한 플롯의 설정이 독자인 우리에게 반전에 대한 공감보다 오히려 당혹감을 불러일으킨다. 어쨌든 자기 이름을 타인에게 줌으로써 자신을 버리고 타인의 이름을 얻음으로써 새로운 자신을 되찾으려는 존재를 건 모종의 거래가 성사된다. 10여 년 만에 이 거래는 파기되고 김영수는 김영수가 되고 '그' 는 김영

81 『도시』, p.409.

수가 되지 못한다.

지극히 철학적인 이 주제는 로맨스 소설의 전형적인 플롯과는 아무런 관계가 없다. 이룰 수 없는 사랑으로 정의하기에 오은수와 김영수와의 만남과 헤어짐은 보다 근본적인 물음을 향하고 있다.

> 이 세상 거의 모든 사랑은 해피엔딩 아니면 배드엔딩, 결혼 아니면 이별이다. 그리고 이 세상 거의 모든 결혼에는 사랑이라는 그럴듯한 증거가 필요하다. 서른두 살, 봄. 내 인생에는 절실한 돌파구가 필요했다. 그는 부유하는 먼지처럼 하찮은 나를 가장 튼튼하고 안전한 곳으로 데려가줄 유일한 남자로 보였다. 그에 대한 나의 사랑은 반듯한 세계에 무사히 도착하기 위한 최소한의 알리바이였다. 내 입으로 결혼이라는 말을 뱉은 뒤, 그를 더욱 사랑할 수밖에 없었던 역설이 거기 있었다.
> '김영수'를 기준점으로 삼았으나, 그 기준 자체가 헛것일 수 있다는 가능성은 죽었다 깨나도 상상해보지 않았던 거다.(『도시』, pp.417-8).

은수의 사랑은 반듯한 세계에 안착하기 위한 일종의 알리바이이다. 그녀는 부유하는 자신의 존재를 사랑의 끈으로 타자의 존재에 묶을 결심을 한다. 이런 점에서 그녀의 사랑은 존재론적이다. 사랑해서 청혼한 것이 아니라 청혼하고 나니 사랑할 수밖에 없게 된 것이다. 타자 속에서 문제되는 것은 그녀의 사랑이 아니라 그녀의 존재 자체이다. 결국 그녀는 사랑이란 이름으로 존재를 건 도박에 끼어든다. 그녀는 과연 이 도박에서 사랑만을 잃었는가? 누군가의 존재를 가리키는 이름이 "헛것"일 수 있다는 가능성은 그녀에게 전혀 상상할 수 없는 자명한 진리처럼 보였다. 그런데 이 진리가 깨진 것이다.

이 진리 그 자체를 문제 삼는 이 소설은 로맨스의 이름을 빌려 로고

스에 의문을 제기한다. 마치 누군가의 그림자가 누군가를 가리키듯 이름은 존재를 담보해야 한다. 누군가를 지칭하지 않은 이름은 이름뿐인 존재일 수밖에 없으며 이름 그 자체와 동격인 "헛것" 일 수밖에 없다. 그림자 비유로 다시 돌아가자.

> 그림자는 빛이 만들어낸 허상이다. 세상의 모든 실체들이 저마다 하나씩의 그림자를 드리우고 살듯이, 세상의 모든 그림자들은 저마다 하나씩의 실체를 가지고 살아간다. 그림자가 없는 것은, 그림자뿐이다.
> 그렇다면 바로 저기, 그림자 없이 반짝반짝 빛나는 도시 서울은 어쩌면 거대한 그림자 그 자체인 것은 아닐까.(『도시』, p.373).

실체가 없는 이름만으로 살고자 했던, 익명의 도시 속에서 남의 이름으로 그저 눈에 띄지 않는 사람이 되고자 했던 김영수는 어쩌면 "거대한 그림자 그 자체인" 도시의 은유가 아닐까? 도시가 그림자 그 자체라면 김영수는 그냥 이름 그 자체가 아닐까? 끊임없이 부유하는 욕망의 바다를 건너 은수가 도달하고자 희구했던 "안전한 곳"은, 라캉의 용어를 빌어 표현하자면, '아버지의 이름'이 지배하는 상징계이다. 달콤한 욕망이 지향하는 대상(objet a)이 태우라고 한다면 밋밋한 도시로서 김영수는 은수의 존재 그 자체가 문제시 되는 장소로서 큰 타자(Autre)가 아닐까? 그렇다면 『달콤한 나의 도시』는 달콤한 욕망의 도시이자 욕망이 문제시된 도시가 아닐까?

5. 평범함에 관한 마지막 질문

그런데 이 소설을 이처럼 욕망의 담론으로 읽기에 재인의 속된 연애관보다 조금 더 순수하고 유희의 열정에는 못 미치는 은수의 머뭇거리는 사랑은 다소 밋밋하다. 태오를 떠나보낸 은수는 오직 평범함에 안주하고자 한다. 김영수란 이름의 외연이 김영수의 존재라면 김영수란 이름의 내포는 평범함이다. 이 소설은 로맨스 서사로 읽기에는 다소 무거우며 존재의 진리를 문제 삼는 형이상학적 테마로 해석하기에는 다소 가볍다. 반면 30대 미혼 여성이 희구하는 평범한 삶에 강한 의구심을 제기하는 소설이라면 충분히 납득할만하다.

그러한 삶을 살아온 사람이 바로 은수 엄마이다. 은수 엄마는 더할 나위 없이 평범한 남자와 만나 더할 나위 없이 지루한 인생을 살아왔다. 그리고 남편과 별거함으로써 그러한 인생에 종지부를 찍고자 결심한다. 은수에게 아버지는 "나쁜 아버지"도 "좋은 아버지"도 아닌 평범하기 그지없는 수많은 현실의 아버지 중의 하나일 뿐이다.

> 딸에게 아버지는 최초의 남자이고, 아버지에게 딸은 최후의 여자라고 했던가. 내 인생 최초의 남자는, 신문에 나오는 '나쁜 아버지'와는 거리가 멀었다. 어디서 배다른 동생을 낳아오지도 않았고, 식솔들로 하여금 커다란 경제적 곤궁을 맛보게 하지도 않았다. 육체적 폭력을 사용한 일도 없다. 그것이 전부일까. 그렇다면 '좋은 아버지'인가. '좋은 아버지'와 '나쁜 아버지' 사이에는 얼마나 수많은 현실의 아버지들이 있는가.(『도시』, p.360).

은수에게 "최초의 남자"는 평범한 남자였고 최후의 남자로 선택한 김영수 역시 평범한 남자였다. 엄마의 곁에서 친구 역할을 한 "김포 아줌마를 가장한 김포 아저씨"의 역할은 의미심장하다.[82] 그는 평범함을 바라보는 외적 시각을 제공한다. 이 시각이 평범함을 희구하는 은수의 시각과 충돌한다. 이 소설은 이처럼 평범함에 대한 문제의식으로 가득하다. 세속의 평범함을 택한 재인은 끝내 남편과 이혼한다. 반면 유희는 평범한 직장 생활을 그만두고 뮤지컬 배우가 되기 위한 꿈을 이루기 위해 자신의 마지막 남은 젊음을 투자한다. 평범한 가정생활 끝에 이혼한 옛 남자 친구와 다시 만난 그녀는 평범하게 변해버린 그와 결국 헤어진다.

김영수는 어쩌면 열정을 잃어가는 30대 미혼 여성들이 희구하는 평범함의 이름이 아닐까 한다. 그래서 『달콤한 나의 도시』의 맛은 "아무것도 느껴지지 않은" 빗물의 맛이다. 반면 달콤함은 선택의 시대를 살아가는 이들에게 평범함이 감추고 있는 유혹의 맛이 아닐까?

6. 에필로그 – 소설과 드라마

『달콤한 나의 도시』를 원작으로 한 드라마는 16부작으로 편성되었다. 우리는 로맨스 서사의 전형성 개념을 중심으로 원작 소설과 드라마 간의 차이점들만을 여기서 간략하게 살펴보고자 한다. 다음과 같은 질문에서 출발해보자. 소설을 드라마로 '다시 이야기하고자' 한다면 어떻게 이야기해야 할까?

먼저 원작의 쪽수와 드라마의 횟수를 비교하면 다음과 같다.[83]

---

82 『도시』, p.240.

83 위의 도표는 한국외국어대학교 문화콘텐츠 대학원 강의 시간에 김현정 박사 과정 학생이 제공한 것이다.

드라마	원작	메인 플롯
1회	~ p. 45	옛 애인이 결혼하는 날 은수는 우연히 태오를 만나고 새로운 경험을 한다.
2회	~ p. 87	안이사의 소개로 은수와 영수는 맞선을 본다. 은수와 태오는 설레는 사랑을 시작한다.
3회	~ p. 106	은수의 회사로 찾아온 영수와 재회, 영수의 회사 사보 업무를 은수가 맡게 된다.
4회	~ p. 151	제인의 웨딩촬영을 함께 가고 싶어 하는 태오를 집으로 돌려 보낸다.
5회	~ p. 180	엄마의 일탈을 보고 마음이 심란한 은수는 태오에게 신경질을 낸다.
6회	~ p. 195	태오가 은수의 집에서 동거를 시작하고 이를 제인한테 들키자 모두에게 태오의 존재를 공개하기로 한다.
7회	~ p. 223	제인의 결혼식에서 과음하고 출근하지 못한 은수를 위해 태오가 회사에 전화를 하고 이를 오해한 은수는 태오에게 화를 낸다.
8회	~ p. 234	은수는 태오에게 사과를 하지만 태오는 집을 나가버린다. 은수는 제주도 출장에서 영수에게 고백을 받는다.
9회	~ p. 253	영수는 은수에게 조심스럽게 다가가지만 은수는 그 마음을 거절한다. 은수의 진심을 알게 된 태오는 이별을 고한다.
10회	~ p. 292	제인에 의해 억지로 영수에게 보내진 문자 메시지로 둘은 어색하게 재회한다.
11회	~ p. 313	은수는 영수에게 다시 만날 수 있냐고 제안을 하고 영수는 이를 받아들인다.
12회	~ p. 345	오랜만에 태오와 만난 은수는 각자의 기억 속에서 충실히 있기로 한다.
13회	~ p. 368	은수와 영수는 조심스럽지만 따뜻하게 사랑한다.
14회	~ p. 376	은수는 영수에게 프로포즈한다.
15회	~ p. 390	영수의 정체에 대해서 알게 된 은수와 영수는 다시 남남이 된다.
16회	끝	각자의 위치에서 잘 지내고 있는 세 사람. 은수는 이제 영수가 아닌 태경을 만난다.

위의 도표가 예시하듯 원작의 쪽수와 드라마의 횟수가 매회 일정한 비율로 구분되어 있는 것은 아니다. 때론 짧은 이야기를 길게 이야기하기도 하고, 때론 긴 이야기를 짧게 이야기하기도 한다. 우리는 이 과정에서 원작에 대한 PD의 해석이 개입하고 있는 것을 발견할 수 있다. 이러한 해석이 빚은 몇 가지 차이점들을 지적해보자.

차이, 하나. 원작에서 은수의 두 연인인 태오와 영수는 서로 마주치지 않는다. 반면 드라마는 이 세 사람이 횡단보도에서 우연히 마주치는 장면으로 이야기를 시작한다. 시청자는 이 드라마가 한 여자와 두 남자의 이야기란 것을 직감하게 된다.

차이, 둘. 원작에서도 드라마에서도 태오와 영수는 연적 관계를 형성하지 않는다. 소설에서 태오 이야기와 영수 이야기는 별개의 이야기이다. 다시 말해 태오 이야기에 영수가 등장하지 않으며 영수 이야기에 태오가 등장하지 않는다. 하지만 드라마에서 태오는 은수와 영수의 관계를 의심할 만한 상황에 우연히 놓이게 된다. 물론 이로 인해 연인들 사이에 심각한 삼각관계가 형성되는 것은 아니지만 태오에게 이 상황은 은수에 대한 그의 신뢰가 깨어지는 간접적인 계기로 작용한다. 결과적으로 태오와 영수 사이에 잠재적인 연적 관계가 형성된 것이다. 호건에 따르면 적대자는 보편적 - 혹은 전형적 - 행위자로 거의 모든 전형 서사에서 발견된다고 한다. 연적 관계를 - 비록 간접적이긴 하지만 - 설정한 드라마는 원작 소설에 비해 더 전형적이라고 할 수 있다.

차이, 셋. 원작에서 은수는 결국엔 태오와 영수 모두와 헤어지고 만다. 그래서 '달콤한' 나의 도시는 결코 달콤하지만은 않다. 오히려 빗물의 맛처럼 밋밋하다. 이 밋밋함이 『달콤한 나의 도시』가 말하고자 하는 달콤함의 의미인 것이다. 반면 드라마에서 은수는 태오와 영수 모두와 헤어지지만 흥미롭게도 나중에 다시 영수를 만난다. 결국 해피엔딩으로 이야기의 결말이 맺어진다. 원작과 달리 드라마에서 달콤한 은수의 도시는 정말 달콤하게 끝이 난 것이다. 주로 가정을 시청 공간으로 설정하고 가족을 잠재적인 시청자로 고려하여 제작되는 드라마는 소설이나 영화에 비해 공공성과 공익성에 더욱 민감하다고 하겠다. 소설이나 영화보다 해피엔딩이 더욱 권장되는 이유는 바로 여기에 있다.

원작과 드라마 사이에 이외에도 크고 작은 많은 차이점들이 존재하지만 드라마 『달콤한 나의 도시』는 원작의 스토리 라인을 비교적 충실하게 구현하고 있다. 그럼에도 불구하고 이러한 차이점들이 발생한 이유는 소설의 로맨스보다 드라마의 로맨스가 호건이 정의한 로맨스의 전형적인 플롯 형식에 더 충실한 장르이기 때문이라고 할 수 있지 않을까? 매체 간에 존재하는 전형성의 정도를 나타내면 대략 다음과 같다고 할 수 있다.

드라마 〉 영화 〉 소설

물론 대중 소설이 예술 영화보다 더 전형적일 수 있으며 삼류 영화가 실험적인 성격의 드라마보다 더 전형적일 수도 있다. 그러나 대개 소설보다는 영화가 영화보다는 드라마가 더 전형적인 플롯 라인을 구현하고 있는 것이 사실이다. 이 사실이 단지 확률적인 진실만을 말해 주는 것은 아니다. 오히려 이러한 전형성의 차이는 수용 집단의 기대지평과 독해능력이 장르와 매체마다 다르게 적용된다고 하는 사실에 기인하는 것이다.

7

『이방인』에 나타난 두 가지 서술전략

- 스토리와 담화

7

서사로 읽는 서사학

이방인 에 나타난 두 가지 서술전략*

스토리와 담화

1. 독서 가설 : 스토리와 담화

> 서사의 거의 절대적인 객관성, 즉 그 자신의 진리로서의 객관성과 이방인이 삶과 죽음 앞에서 생각하고 느낀 바를 표현하고 있는 마지막 장 사이에 짜증나는 음색의 변화가 존재한다. (Blanchot 1943)

『이방인』은 제1부와 제2부로 양분되어 있다. 불랑쇼는 위에서 이 두 부분과 관련된 어떤 음색의 변화에 주의를 환기시키고 있다. 이 변화는 "서사의 거의 절대적인 객관성"과 사고와 감성의 "표현" 사이에서 발생한다. "서사의 거의 절대적인 객관성"이란 『이방인』의 독특한 서술 방식에 기인하는 문체적 특징과 무관하지 않다. 뺑고(Pingaud)는 이 소설을 쥬네트의 용어를 빌려 외적 초점화된 동종서사(récit homodiégétique à focalisation externe)로, 다시 벤베니스트의 용어를 빌려 인칭(personne) '나(je)'와 비인칭(non-personne) '그(il)'의 이중적 유희로 작동되는 서사로 규정한다.[84] 요컨대 나에 대한 이야기를 내가 마치 내가 아닌 다른 사람의 이야기처럼 서술하는 방식이 『이방인』의 독특한 문체적 특징이다.

사르트르는 「『이방인』 해설」(1947(1987))에서 이러한 특징을 유리 칸막이 비유로 설명한다. 유리창 너머에 사람들이 어떤 동작을 취하고 있다고 가정하자. 우리는 유리창을 통해 투영되는 동작 하나하나를 관찰할 수 있지만 이 창이 가로막고 있어 왜 저 사람들이 저런 행동을 하고 있는지 그 의미는 파악할 수 없다. 계속해서 독자와 작품의 인물들 사이에 이러한 유리창이 가로 놓여있다고 가정해보자. 독자인 우리는 인물들의 행위를 볼 뿐 그 의미는 알 수 없다. 사르트르는 『이방인』에서 "이방인의 의식"이 바로 이러한 유리창의 역할을 한다고 주장한다.[85] 독자인 우리는 이 의식이 투영하는 모든 것을 있는 그대로 관찰할 수는 있지만 유리창 너머의 세계로 건너갈 수는 없다. 이 의식은 이처럼 "사물에 대하여는 투명"하지만 "의미에 대해서는 캄캄하게 되도록 조직되어 있다."[86] 요컨대 사물에 대해 투명하고 의미에 대해 불투명한 의식의 글쓰기가 바로 카뮈의 새로운 글쓰기 기법이란 것이다.

사르트르가 증명해보인 바와 같이[87], 이 기법은 복합과거의 사용으로 문법적인 형태로 작품 속에 구현되어 있다. 단순과거가 문장들 간에 전후 맥락을 연결시켜주는 시간의 연속성을 표상한다면 『이방인』

* 7장은 『프랑스학연구 46집』에 실린 「『이방인』에 나타난 두 가지 서술전략」을 수정 보완한 것이다.

84 Pingaud(1992), pp.91-2.

85 사르트르 (1947(1987)), p.184.

86 사르트르 (1947(1987)), p.185.

87 사르트르 (1947(1987)), pp.187-192.

에서 복합과거는 매순간 단절을 초래한다. 이 작품을 구성하는 문장들은 일종의 단자처럼 "고독한" 단위들로 병치되어 있을 뿐 서로 간에 소통이 봉쇄되어 있다. 그 결과 개별적인 사건들은 존재하지만 이들이 하나의 서사를 구성하지는 못한다. 바로 이런 점에서 사르트르는 서사 혹은 소설로서의 『이방인』을 문제로 삼는다.

> 건조하고 분명한 이 작품을, 얼른 보기에는 무질서한 듯하면서도 그토록이나 치밀하게 구성되어 있으며 그토록이나 '인간적'이고 일단 그 열쇠를 찾기만 하면 비밀이란 거의 없는 듯한 이 소설을 어떤 부류의 작품으로 간주하면 좋을까? 우리는 이것을 이야기(récit)라고 부를 수 없을 것 같다. 이야기란 설명하고, 재현함과 동시에 정돈하며 시간적으로 진행된 앞뒤 관계에 인과율의 질서를 대치시키는 것이다. 카뮈는 이것을 '소설(roman)'이라고 명명했다. 그러나 소설이란 시간적인 지속성과 생성변화, 뒤바꿀 수 없는 시간의 분명한 존재를 요구한다. 그러므로 인공적으로 조립된 어떤 기계 같은 매우 경제적인 구조를 그 속에 담고 있는 것이 엿보이는, 생명 없는 현재들의 계기일 뿐인 이 책을 소설이라고 부르기는 좀 주저된다. 아니 굳이 소설이라 한다면 볼테르의 〈자디그〉나 〈캉디드〉 풍의 은근한 풍자와 아이러니한 초상화(가령 뚜쟁이, 예심판사, 검사 등)를 담고 있는 짧은 계몽주의적 소설이라 할 수 있을 것 같다. 이 소설은 독일 실존주의자들과 미국 소설가들의 영향에도 불구하고 따지고 보면 볼테르의 콩트에 매우 가까운 것이다. (『이방인』, pp. 192-3)

사르트르는 『이방인』을 서사나 소설이 아닌 볼테르 류(類)의 "짧은 계몽주의적 소설"로 규정한다. 그런데 이 규정은 주제나 소재적 차원에서 내려진 것이며 지금까지 그가 설득력 있게 증명해보인 이 작품의 서술 기법상의 특징과는 크게 관련이 없어 보인다. 사르트르가 『이방인』을 비(非)서사 혹은 준(準)소설로 간주한 이유는 이 작품이 이야기하는 사건들 사이에 인과적 관계가 설정되어 있지 않기 때문이다. 인과율을 적용하여 이들을 하나의 서사로 만들어주는 것은 서사학적 용어를 빌려 표현하자면 담화이다.[88] 사건 그 자체는 서사를 구성하는 한 계기에 지나지 않으며 서사학에서는 이를 담화와 구별하여 스토리라고 명명한다.[89] 담화는 다양한 관점에서 다양한 방식으로 스토리를 재구성함으로써 다양한 서사 텍스트를 산출할 수 있는 잠재력을 보유하고 있다. 패트릭 오닐(O' Neil, 1990)은 이러한 잠재력을 스토리에 대한 담화의 전복적 기능으로 정의한다. 스토리는 항상 담화에 의해 전복 가능하다는 것이 『담화의 허구』에서 그가 주장한 바의 요체이다. 예컨대 구비 문학의 판본이 다양한 이유는 동일한 스토리가 여러 화자에 의해 다양한 방식으로 구술됨으로써 상이한 텍스트를 산출했기 때문이다.

그렇다면 서사학적 관점에서 『이방인』은 담화의 기능—사르트르가 "설명하고", "재현함"과 동시에 "정돈하며", "시간적으로 진행된 앞뒤 관계에 인과율의 질서를 대치시키는 것" 등으로 예시한—이 부재하는

---

88 '담화'는 채트먼(1978)의 용어이다. 스토리와 담화의 구분은 서사학에서 가장 널리 사용되는 구분 중의 하나이다. 오닐에 따르면 스토리가 서사의 '무엇'이란 물음에 관련된다고 한다면 담화는 서사의 '어떻게'란 물음에 관련되어 있다고 할 수 있다. 주네트(1972)는 이분법 대신 스토리(histoire), 서사(récit), 서술(narration) 등 삼분법을 제안한다. 서술 행위를 통해 산출된 서사 텍스트가 서사이고 이 서사가 이야기하는 대상이 스토리이다. 채트먼의 담화 개념은 서사와 서술을 포괄하는 것으로 이해될 수 있다. 이 논문에서 우리는 이러한 개념에 따라 이 용어를 사용하고자 한다.

89 주 5) 참조.

오직 스토리만으로 이루어진 비전형적인 서사 텍스트라고 할 수 있다.

그런데 이 주장이 『이방인』을 구성하는 제1부와 2부에 동일하게 적용될 수 있는가? 불랑쇼는 위에서 서사의 객관성과 표현 사이에 발생하는 "짜증나는(gênant)" 음색의 변화에 주목하여 이들의 근본적인 차이를 노정하고 있다. 그의 이러한 견해를 서사학적 관점에서 해명해보자.

"서사의 거의 절대적인 객관성"이란 사건으로서의 스토리의 특성과 관련된다. 반면 사고와 감정을 표현하는 방식은 이러한 사건을 배열하고, 정돈하고, 전복하는 담화의 기능에 속한다. 그렇다면 우리는 『이방인』의 제1부를 '스토리'에, 제2부를 '담화'에 각각 해당하는 것으로 상정해볼 수 있지 않을까? 스토리는 있는 그대로의 사건을 가리킨다. 담화는 이 사건을 표현하는 방식이다. 어떤 방식으로 표현하느냐에 따라 동일한 스토리가 상이한 형태로 제시될 수 있다. 『이방인』의 2부는 1부에서 발생한 살인 사건에 대한 공판을 다룬 내용이다. 즉, 판사, 검사, 변호사, 증인, 피고 등의 진술로 구성되어 있다. 이들은 동일한 스토리에 대한 각기 다른 서사적 판본을 제시한다. 자신의 주장을 정당화하기 위해 다양한 방식으로 사건들을 재구성하고 나름대로의 고유한 시각을 부여하고 개별적인 사건들에 인과율을 적용한다. 그 결과 1부의 스토리는 매번 다양한 목소리에 의해 전복된다. 예컨대 검사의 변론에 의해 1부의 '사건'은 사전에 의도된 범죄 행위로 논리 정연하게 "설명"된다.

> 내가 옳게 이해한 것이라면, 검사의 생각의 요점은 내가 범죄를 사전에 계획했었다는 것이었다. 적어도 그는 그것을 증명하려고 했으며, 그 자신이 이렇게 말하고 있었다. "그것을 증명하겠습니다. 여러분. 그것도 나는 이중으로 증명할 수 있습니다. 첫째로는 명백한 사실에 비

추어서, 둘째로는 이 범죄적 영혼의 심리상태가 제공하는 어두컴컴한 빛에 비추어서 증명할 수 있는 것입니다.(『이방인』, p.132)

스토리의 사건이 "사전에 계획"된 사건으로 입증되는 이 순간은 "콩트"가 "서사"로 변형되는 순간이다. 우리는 스토리가 담화에 의해 전복되는 이러한 서술 과정을, 즉 『이방인』의 2부에 의해 1부가 "설명"되고, "재현"됨과 동시에 "정돈"되며, "인과율"이 적용됨으로써 재구성되고 해체되는 이러한 담론적 과정을, 인지주의 서사학에서 사용하는 스키마 모델과 텍스트 의미론에서 사용하는 의소 분석 방법론의 도움을 받아 서사학적 관점에서 해명하고자 한다. 특별히 우리는 장례 스키마에 논의의 초점을 맞추고자 한다. 『이방인』의 주인공 뫼르소가 사형을 선고 받은 근본적인 이유가 살인자라기보다 우리 사회의 이방인이었기 때문이란 점에서 사회적 규범의 한 형태로서 장례는 이 소설에서 매우 중요한 서사적 의미를 담고 있다. 우리는 이 의미를 묻고자 한다.

2. 스키마와 의소 분석 : //장례//

2.1. 스키마

구체적인 상황 속에서 사람들은 어떤 방식으로 행동하는가? 새로운 문제 상황에 직면하여 어떻게 반응하고 문제를 해결하는가? 예컨대 한국 사람이 유럽 여행 중에 처음으로 프랑스 레스토랑을 찾았다고 하자. 예상되는 가상의 시나리오는 다음과 같다.

식당에 들어서자마자 그는 먼저 주위를 둘러보고 빈자리를 찾아 빠른 걸음으로 이동하려고 할 것이다. 이때 종업원이 그를 제지하고 잠간 기다리라는 말만 남겨놓은 채 어디론가 바쁘게 사라진다. 잠시 불쾌한 마음이 스쳤지만 그냥 참고 넘긴다. 지배인으로 보이는 한 사람이 정중하게 인사를 하고 자리를 안내한다. 종업원이 메뉴판을 전달하고 다시 사라진다. 메뉴판에 등장하는 음식 용어들이 모두 생소하지만 적당한 가격으로 메뉴 하나를 정하고 종업원을 기다린다. 한참 만에 다시 나타난 종업원이 주문을 받는다. 주요 요리 하나만을 정해 놓았는데 종업원은 아페리티프, 전식, 포도주, 요리 방식 등에 관한 다양한 질문을 한다. 마침내 주문이 완료된다. 식사를 빨리 마치고 다음 관광지로 이동하려고 하는데 전식, 중식, 후식 등의 순서에 따라 주문한 음식이 상당한 시간적 간격을 두고 제공된다. 식사를 마치고 계산대로 움직이려 하자 종업원이 다시 자리로 안내하고는 식사한 바로 그 테이블 위에 계산서를 놓고 또다시 사라진다. 한참 만에 나타난 종업원은 느긋하게 계산을 마치고 정중하게 인사한다.

우리는 프랑스 레스토랑에서 한국인 관광객이 한번쯤 체험해봤을 위와 같은 일화를 충분히 상상해볼 수 있다. 흥미로운 점은 낯선 환경임에도 불구하고 이 관광객이 식사를 성공적으로 잘 마쳤다고 하는 사실이다. 음식 맛과는 별도로 그가 불편한 마음을 갖게 된 이유는 프랑스 레스토랑에서의 행동 양식이 한국 식당에서의 그것과 상당한 차이를 보였기 때문일 것이다. 그러나 가령 그에게 한국 식당에서의 사전 경험이 기억의 형태로 그의 머릿속에 존재하지 않았다면 과연 그는 여전히 성공적으로 식사를 마칠 수 있었을까?

스키마, 프레임, 스크립트, 시나리오 등은 인공지능에서 기억의 형태로 존재하는 이러한 특정한 경험적 지식 혹은 정보의 구조를 표상하기 위해 제안된 모델들이다.[90] 예컨대 레스토랑 스키마는 다음과 같이 표상될 수 있다.

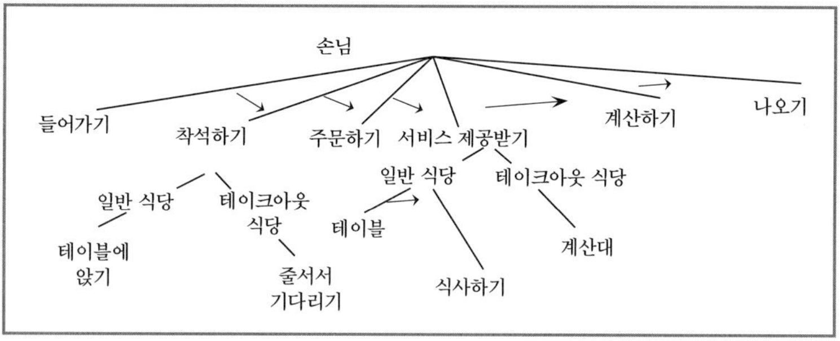

사람들은 새로운 상황에 직면하게 되면 기억 속에 저장된 구조화된 정보를 바탕으로 구체적인 행동의 방침을 정한다.[91] 생크(Schank)와 아벨슨(Abelson)은 고정관념의 형태로 존재하는 이러한 정보의 구조가 거의 변하지 않는다고 주장한다.[92] 그러나 이 구조는 한국인 관광객의 사례가 예시하듯 고정 불변한 형태로 존재하는 것이 아니라 얼마든지 수정 보완 될 수 있다. 가령 이 관광객이 다음번에 다시 프랑스 레스토랑을 방문하게 된다면 한결 편안한 마음으로 식사를 할 수 있을 것이다. 그는 이제 한국 식당의 스키마뿐만 아니라 프랑스 레스토랑의 스키마를 학습하게 된 것이다.

물론 스키마가 열린 구조라고 해서 아무 행동이나 허용 가능한 것은

90 비록 서로 다른 형태의 용어들이지만 이들이 의미하고자 하는 바는 사실 크게 다르지 않다.(Langacker). 이들은 모두 공통의 경험적 지식을 표상하는 형식적 구조와 방식을 제공해준다. 우리는 이 논문에서 주로 스키마란 용어를 사용하고자 한다.

91 Minski (1985), p.246.

92 Shank & Abelson (1977), p.41.

결코 아니다. 예컨대 한국이든 프랑스이든 레스토랑에서 음식대신 노래를 신청할 수는 없다. 또 다른 예를 들어보자. 뫼르소가 엄마의 시신 앞에서 담배를 피우려다 잠시 망설인 이유는 그에게 장례의 스키마가 작동하고 있었기 때문이라고 할 수 있다.

> 그가 식당으로 저녁 먹으러 가라고 권하였으나, 나는 배가 고프지 않았다. 그랬더니 그는 밀크 커피를 한 잔 가져오겠노라고 말했다. 밀크 커피를 매우 좋아하므로 나는 그러라고 했다. 조금 뒤에 그는 쟁반을 하나 들고 돌아왔다. 나는 커피를 마셨다. 그러자 담배가 피우고 싶어졌다. 그러나 나는 엄마의 시신 앞에서 담배를 피워도 좋을지 어떨지 몰라 망설였다. 생각해보니, 조금도 꺼릴 이유는 없었다. 나는 문지기에게 담배 한대를 권하고, 둘이서 함께 피웠다. (『이방인』, p.27).

스키마는 어떤 행동은 허용하고 어떤 행동은 허용하지 않는다. 장례식장에서 담배피우기는 장례 스키마를 구성하는 전형적인 행위가 아니다. 레스토랑에서 신문을 읽는 것 또한 전형적인 행위가 아니다. 물론 전형적인 행위가 아니라고 해서 금지되어야 하는 것은 결코 아니다. 그럼에도 불구하고 허용 범위를 넘어서는 행위가 분명히 존재한다. 가령 레스토랑에서 노래를 부른다면 곧바로 제지를 당하게 될 것이다. 그렇다면 장례식장에서 담배를 피우는 행위는 어떨까? 뫼르소는 별 문제 없다고 판단했다. 그리고 바로 이 판단으로 인해 재판에서 그는 부도덕한 사람으로 낙인찍힌다. 전형성의 문제는 이처럼 스키마가 퍼지 논리의 형태로 존재하는 구조임을 보여준다. 요컨대 스톡웰(Stockwell, 2002)에 따르면 스키마는 판에 박힌 고정관념이 아니라 확장(accretion), 조정(tuning), 재구조화(restructuring) 등이 가능한 유연

한 구조적 형태를 취한다.[93]

인공지능에서 스키마는 구체적인 경험적 지식의 구조를 논리적인 처리가 가능한 형태로 모델링 한 것으로 정의된다. 스키마는 슬롯(slot)과 필러(filler)로 구성되어 있다.[94] 생크와 아벨슨은 슬롯의 구성요소들로 소도구(props), 참여자(participants), 입력조건(entry condition), 결과(results), 사건 시퀀스(sequence of events) 등을 세분한다. 스톡웰은 인공지능에서 사용하는 이 모델을 서사학적 관점에서 수정 보완하여 문학 스키마 모델을 제시한다.[95] 이 모델에 따라 앞에서 소개한 레스토랑의 스키마를 분석하면 다음과 같다.

〈레스토랑 스키마〉

슬롯(slot)	필러(filler)
소도구(props)	테이블, 메뉴, 음식, 계산서, 돈 등
참여자(participants)	손님, 종업원, 지배인, 요리사, 주인 등
입력 조건(entry condition)	손님 배가 고픔. 손님은 돈이 있음.
결과(results)	손님은 돈을 덜 가지게 됨. 주인은 돈을 더 가지게 됨. 손님은 배가 고프지 않음. 손님은 만족함.
사건 시퀀스 (sequence of events)	들어가기 착석하기 주문하기 식사하기 계산하기 나오기

93 Stockwell (2002), p.

94 Shank & Abelson (1977), p.

95 Stockwell (2002), p.

소도구, 참여자, 최초 상태와 최종 상태, 사건 등으로 구성된 스키마는 근본적으로 스토리의 형태를 취하고 있다. 생크와 아벨슨(1977)은 일상의 경험에서뿐만 아니라 사람들이 스토리를 구성하거나 이해하는 과정에서 상술한 형태의 스키마가 개입한다고 주장한다. 즉, 스키마는 문학적 행위를 이해하는 "중요한" 모델로서의 가치를 지닌다.

> 스크립트를 사용하지 않고 스토리를 이해하는 것이 가능하지만 스크립트는 스토리 이해에 중요한 부분이다. 스크립트의 역할은 당신이 이야기하고 글을 쓸 때 지루한 내용을 생략하도록 해주며 이야기를 듣거나 독서할 때 이 생략된 부분을 채워놓도록 해주는 것이다. (Shank & Abelson(1977), p.41).

아무리 작은 사건이라고 하더라도 우리는 세부적으로 완벽하게 이 사건을 묘사할 수 없으며 또한 반드시 그렇게 해야지만 그것을 이해할 수 있는 것도 결코 아니다. 우리는 하나에서 열까지 모두 이야기하지 않더라도 하고자 하는 이야기를 충분히 전달할 수 있으며 또한 이해할 수 있다. 그 이유는 바로 작가와 독자 사이에 해당 사건에 대한 공통의 지식, 즉 스키마를 공유하고 있기 때문이다. 예컨대 『이방인』에 등장하는 다음의 문구를 살펴보자.

> 그 다음에는 모든 것이 하도 신속하고 확실하고 또 자연스럽게 진행되었으므로 나의 기억에는 아무것도 남아 있지 않다.(『이방인』, p.36)

위의 대목은 양로원에서 장지로 이어지는 장례 행렬에 대한 비교적 긴 묘사가 이루어지고 난 뒤 등장한다. "하도 신속하고 확실하고 또 자연스럽게 진행되어" 뫼르소의 기억에 남아 있지 않은 부분은 장례 의식에서 가장 중요한 부분이다. 즉, 매장하기 전에 드리는 장례 미사, 매장, 묵도 등이 이에 해당한다. 독자는 장례 스키마의 도움으로 이 생략된 부분을 얼마든지 채워 넣을 수 있다. 작가는 이러한 생략의 기법을 통해 독자의 참여를 유도할 수 있을 뿐만 아니라 위의 사례가 예시하듯 또 다른 목적을 의도할 수도 있다. 즉, 엄마 장례에 대한 뫼르소의 무덤덤한 태도를 생략을 통해 암시하는 것이다. 흥미롭게도 이 생략된 부분은 『이방인』 제2부에서 원장의 증언을 통해 일부 보충된다.

> ... 원장은 구두코를 내려다보고 나서, 내가 어머니를 보려 하지 않았고, 한 번도 눈물을 흘리지 않았고, 장례식이 끝난 뒤에도 무덤 앞에서 묵도를 하지 않고 곧 물러났었다고 말했다. (『이방인』, p.121)

요컨대 스키마 모델은 작가의 글쓰기 전략과 독자의 독서 전략을 이해하고 해석하는 데 중요한 역할을 수행한다.

2.2. 의소 분석

의소는 의미소들 간의 공통점과 차이점을 기술하는 메타언어로 정의된다.[96] 의미소는 표현면과 내용면으로 구성된 기호의 내용면만을 가리킨다. 의소는 다시 의미소들 간의 공통점을 표현하는 종속의소와 차이점을 나타내는 종차의소로 세분된다. 예컨대 『이방인』에서 장례와 관련된 의미소 목록을 작성한다고 하자. 이 목록에 해당되는 모든

96 의소 분석과 관련하여 Rastier(1987, 1989)와 최용호(2002, 2006) 참조.

의미소들은 정의상 //장례//[97]라고 하는 종속의소를 공유하고 있는 것들이어야 한다. 동일한 범주에 속한 것들이라 하더라도 서로 간에 의미의 차이가 발생할 수 있다. 이 차이를 기술하는 것이 종차의소 분석이다. 예컨대 『이방인』에서 상주인 '뫼르소'와 조문객들인 양로원 '원우들'은 모두 //장례//에 속한 의미소들이다. 이들의 의미 차이를 기술하는 방식은 독서 가설에 따라 다양한 형태를 취할 수 있다. 예컨대 우리는 장례식장에서의 이들의 역할에 따라 /destinateur(상주)/와 /destinataire(조문객)/ 등으로 이들의 의미 차이를 기술할 수도 있고, 고인에 대한 이들의 태도에 따라 엄마의 장례에 무덤덤한 '뫼르소'와 슬픔에 빠진 '원우들'의 상이한 반응을 /non-attachement(非애착)/과 /attachement(애착)/의 대립으로 특기할 수도 있다.

텍스트 차원에서 의소 분석은 주제 분석의 성격을 띤다. 특정한 주제를 정하는 작업은 텍스트의 독서 가설을 세우는 작업과 같다. 『이방인』에 착종된 장례의 종차의소들을 분석하고자 한다면 우리는 예컨대 다음과 같은 명제 형식의 독서 가설을 상정해볼 수 있을 것이다.

> 장례는 죽은 사람을 애도하는 의식이다.(Littré)

우리는 얼마든지 다른 형태의 독서 가설을 제안할 수 있다. 어떤 가설이라 하더라도 해당 주제를 해명하는 데 경제적이어야 할 뿐만 아니라 반박 가능해야 하며 또한 논리적 형태를 띠어야 한다. 위의 사전적 정의에서는 죽은 사람과 의식을 주관하는 사람 사이의 관계가 명시적

---

97 텍스트 의미론에서 이중 슬레시 종속 의소를 가리키며 슬레시는 종차 의소를 가리킨다. 참고로 한 따옴표는 의미소를 가리킨다.

으로 언급되어 있지 않지만 대개의 경우 이 관계가 가족이나 친척이기 때문에 우리는 위의 명제를 다음과 같이 보완할 수 있을 것이다.

장례는 가까운 사람의 죽음을 애도하는 의식이다.

텍스트 의미론에서 사용하는 주제화 그래프를 활용하여 위에서 제시한 명제의 의미론적 구조를 형식화 하면 다음과 같다.

〈//장례//의 주제화 그래프〉

① [상주] ← (능격) ← [장례] → (대격) → [고인]

↓ ↓

(속격) (속격)

↓ ↓

[/dysphoria/] [/death/]

② [상주] ← (능격) ← [관계: /attachment/] → (대격) → [고인]

주제화 그래프는 절점과 관계로 구성된 논리 의미론적 구조를 표상한다. 곽 괄호는 절점을, 원 괄호는 관계를 각각 나타낸다. 화살표는 그래프를 읽는 독서의 방향을 가리킨다. 예컨대 위의 그래프에서 장례 의식을 주관하는 주체는 상주이고 이 의식의 대상은 고인이다. 이 그래프에 따르면 장례 의식의 의미론적 구조는 /death/ + /attachment/ + /dysphoria/로 요약된다. 라스티에의 표현을 빌리자면 이들은 장례의 주제적 관계를 표상하는 의소분자(molécule sémique)를[98] 형성한다.

예컨대 『이방인』에서 뫼르소 엄마의 애인인 토마 페레는 장례식장에서 전형적인 형태의 반응을 보여준다. (우리는 //장례//에 해당하는 의미소들의 오른쪽 위에 종차 의소를 작은 글씨체로 표기하였다.)

> 토마 페레의 차례가 되었을 때는, 서기가 그를 증인대까지 부축해 가지 않으면 안 되었다. 페레는 어머니를 특별히intensity 잘intensity 알고attachment 있었고, 나를 장례식death 날 한 번 만났을 뿐이었다고 말했다. 그는, 그날 내가 무엇을 했는가 하는 질문에 대답하여, "저는 말씀이죠, 그날 너무intensity 슬펐습니다dysphoria. 그래서 아무것도 보지를 못했습니다. 가슴 속의 슬픔dysphoria 때문에 아무것도 눈에 보이지 않았습니다. 나에게는 아주intensity 엄청난intensity 슬픔dysphoria이었으니까요. 그래서 심지어 기절까지intensity+dysphoria 한 것입니다. 그래서 나는 저분을 보질 못했습니다." (『이방인』, p.123)

위의 인용문에 등장하는 세 의소들은 장례 스키마 속에 반복 출현하는 일종의 동위소[99]라고 할 수 있다. 인공지능에서 사용하는 스키마 모델과 구조 의미론에서 사용하는 의소 분석은 이처럼 텍스트의 의미 구조를 밝히는 데 매우 유용한 방법론적인 지침을 제공해준다.

---

98 의소분자는 텍스트 의미론에서 사용하는 전문용어이다. 의소분자는 종차의소들의 집합으로 이루어진 것으로 텍스트 전체에 착종되어 있는 일종의 동위소라고 할 수 있다.

99 텍스트 의미론에서는 반복 출현하는 의소를 동위소라고 한다. 이 의소들이 군(群)을 이루어 반복 출현할 경우 의소분자가 된다. 우리가 위에서 제시한 3개의 의소 군이 바로 동위소로서 의소분자라고 할 수 있다.

2.3. //장례// 스키마와 동위소

휸(Hühn)은 「초 장르 간 서사학 : 서정시에 대한 적용Transgeneric Narratology : Application to Lyric Poetry」(2004)에서 의소 혹은 의소들의 결합이 프레임과 스크립트의 활성화를 돕는 역할을 수행한다고 주장한다.

> 텍스트적 요소들 사이의 등가는 나아가 동위소, 즉 의미론적 혹은 주제적 자질 (의소 혹은 의소들의 결합)에 의해 구성된다. 이들은 시 전체에 산재한 단어와 표현들 속에 반복 출현하는데 이렇게 함으로써 텍스트 내에 새로운 결합을 확립하고 의미의 층위들을 부가하며 이를 통해 종종 프레임과 스크립트의 활성화를 보완한다.(Hühn (2004), p.145).

스키마가 행위의 시퀀스를 표현한다면 텍스트 속에 반복 출현하는 의소들의 결합은 이 행위의 주제적 맥락을 규정한다. 장례 스키마의 주제적 맥락은 앞 절에서 제시한 의소분자, 즉 /death/ + /attachment/ + /dysphoria/이다. 앞에서 예시한 레스토랑 스키마를 참조하여 장례의 스키마를 구성하면 다음과 같다.

〈장례 스키마〉 : /death/ + /attachment/ + /dysphoria/

슬롯(slot)	필러(filler)
소도구(props)	부고, 상장, 관, 등
참여자(participants)	상주, 조문객, 고인(시신), 등
입력 조건(entry condition)	가까운 사람의 죽음
결과(results)	상주와 조문객 모두 슬픔에 빠짐

슬롯(slot)	필러(filler)
사건 시퀀스 (sequence of events)	부고 받기 상장하기 이동하기(장례식장으로) 시신 확인 빈소 지키기 이동하기(장지로) 미사 드리기 매장하기 이동하기(집으로)

3. 담화에 의한 스토리의 전복

『이방인』 1부에 기술된, 장례식장에서 뫼르소가 취한 일련의 행동들을 진행된 순서에 따라 열거하면 다음과 같다.

① 부고 받기
② 상장하기
③ 빈소로 이동하기
(④ 시신 확인)
⑤ 빈소 지키기
  ⑤-1 밀크 커피마시고 담배 피우기
  ⑤-2 졸고 늦잠자기
⑥ 장지로 이동하기
⑦ (미사 드리기)
⑧ (매장하기)
⑨ 집으로 이동하기
(괄호로 묶은 것은 실현되어 있지 않은 부분임)

뫼르소가 보인 이러한 일련의 행동들을 장례 스키마에 부합하는 전형적인 행동들로 평가할 수 있을 것인가? 1부는 이 문제에 대해 침묵한다. 반면 2부는 이 문제를 담화의 핵심 주제로 삼는다. 즉, 2부의 담화는 1부의 스토리를 논리가 정연한 서사로 변형시킨다. 이때 두 가지 스키마가 추가로 작동한다. 우리는 담화에 의한 스토리의 전복 과정을 이해하기 위해 도덕 스키마와 태양 스키마를 고려하고자 한다.

3.1. 도덕 스키마

1부 장례식장에서 뫼르소가 보인 일련의 행동들을 살펴보자. ⑦과 ⑧은 뫼르소의 기억 속에 남아 있지 않다. (④)는 단순히 생략된 행동이 아니라 거부된 행동이다. 반면 ⑤-1, ⑤-2는 빈소를 지키는 과정에서 추가로 등장하는 부차적인 행동들이다. 2부에서 명시적으로 문제가 된 행동은 (④), ⑤-1, ⑤-2이다. 이들은 모두 장례의 전형적 행동 양식에서 벗어난 것들로 평가 받는다. 어떤 점에서 그러한가?

문지기의 공술을 인용해보자. (우리는 이 공술과 관련된 1부의 스토리를 아래에 함께 제시하였다. 문지기의 담화에 의해 이 스토리는 서사적 논리를 지니게 된다. 우리는 이 과정에서 활성화된 의소들을 작은 글씨체로 해당 표현의 우편 위에 제시하였고 의소의 결정에 영향을 미친 맥락을 밑줄을 그어 표시하였다.).

1부 〈스토리〉 : 그가 식당으로 저녁 먹으러 가라고 권하였으나, 나는 배가 고프지 않았다. 그랬더니 그는 밀크 커피를 한 잔 가져오겠노라고 말했다. 밀크커피를 매우 좋아하므로 나는 그러라고 했다. 조금 뒤에 그는 쟁반을 하나 들고 돌아왔다. 나는 커피를 마셨다. 그러자 담배가 피우고 싶어졌다. 그러나 나는 엄마의 시신 앞에서 담배를 피워도 좋을지 어떨지 몰라 망설였다. 생각해보니, 조금도 꺼릴 이유는 없었다. 나는 문지기에게 담배 한 대를 권하고, 둘이서 함께 피웠다. (『이방인』, p.27).

2부 〈담화〉 : 배심원들과 나의 변호사에게 질문이 없는가 묻고 나서 재판장은 문지기의 공술을 들었다. 그에게도 다른 모든 증인들이나 마찬가지로 같은 격식의 절차가 되풀이되었다. 자리에 나와 서며, 문지기는 나를 바라보고 눈길을 돌렸다. 그는 질문에 대답했다. 내가 어머니를 보고 싶어 하지 않았다는 것non-attachment, 담배euphoria를 피웠다는 것, 잠non-attachment을 자고 밀크커피euphoria를 마셨다는 것을 말했다. 그때 나는 무엇인가 방청석 전체를 격앙시키는 것을 느끼고, 처음으로 내가 죄인이라는 것을 깨달았다. 재판장은 문지기에게 밀크커피 euphoria 이야기와 담배euphoria 이야기를 한 번 더intensity 시켰다. 검사는 조소의 빛이 담긴 눈으로 나를 바라보았다. (『이방인』, p.121)

'담배' 를 피우거나 '밀크커피' 를 마시는 행동들은 모두 /euphoria/를 함의한다. 뫼르소와 달리 양로원 원우들은 '블랙커피' 를 마신다.[100] /euphoria/와 /dysphoria/의 대립은 여기서 /달다/과 /쓰다/의 대립으로 형상화되어 있다. 빈소를 지키는 것이 장례 스키마의 전형적인 행동인 반면 잠을 자는 것은 고인에 대한 /non-attachment/을 암시한다. 양로원 원장의 공술 속에서도 우리는 뫼르소의 이러한 비전형적 행위에 대한 놀라움과 암묵적인 비난을 읽어볼 수 있다.

100 『이방인』, p.27.

나는 얼굴에 흐르는 땀을 닦았다. 그리고 양로원 원장의 이름을 부르는 소리를 들었을 때에야 비로소 그 장소와 나 자신에 대한 의식을 얼마만큼 회복할 수 있었다. 어머니가 나에 대한 불평을 말하더냐는 질문에 원장은 그렇다고 대답하고, 그러나 근친들에 대한 불평을 말한다는 것은 재원자들의 일종의 괴벽이라고 덧붙였다. 내가 양로원에 넣은 것을 어머니가 못마땅하게 여기고 있었더냐고 재판장이 따져 묻자, 원장은 또 그렇다고 대답했다. 그러나 이번에는 아무 설명도 덧붙이지 않았다. 또 다른 질문에 대하여 그는, 장례식death 날 담담한non-attachment 나를 보고 놀랐었다고 대답했다. 담담했다non-attachment는 것은 어떤 의미인가 하고 물으니까 원장은 구두코를 내려다보고 나서, 내가 어머니를 보려 하지 않았고non-attachment, 한 번도intensity 눈물을 흘리지 않았고non-attachment, 장례식death이 끝난 뒤에도 무덤death 앞에서 묵도를 하지 않고non-attachment 곧intensity 물러났었다non-attachment고 말했다, 그를 놀라게 한 일이 또 하나 있다고 했다. 장의사death의 일꾼 한 사람으로부터, 내가 어머니의 나이를 모르더non-attachment라는 말을 들었다는 것이다. (『이방인』, 120-1)

검사는 장례식장에서뿐만 아니라 장례식 이후 뫼르소가 겪은 산발적인 사건들을 /non-attachment/과 /euphoria/의 관점에서 수미일관하게 요약한다.

검사는 어머니가 죽은death 뒤의 여러 가지 사실들을 요약했다. 내가 냉담non-attachment했었다는 것, 어머니의 나이를 몰랐었다non-attachment는 것, 이튿날 여자와 해수욕euphoria을 하러 갔었다는 것, 영화구경euphoria, 페르낭델euphoria, 그리고 끝으로 마리와 함께 집으로 돌

아왔다euphoria는 것을 지적했었다.(『이방인』, p.132)

"생명 없는 현재들의 계기일 뿐인" 이 사건들에 이제 분명한 의미가 부여되고 그 구조적 관계가 밝혀진다. 좀 더 자세히 설명해보자.

장례 스키마에 해당하는 전형적인 의소들의 집합은 /death/ + /attachment/ + /dysphoria/이다. 반면 지금까지 살펴본 것처럼 장례식에서 그리고 그 직후에 뫼르소가 보인 태도와 그가 취한 행동은 /death/ +/non-attachment/ + /euphoria/로 요약될 수 있다. 감사의 결론에 따르면 이는 단순히 비상식적이고 비전형적인 것이 아니라 부도덕한 것이다.

> 검사는, '배심원 여러분, 나는 그의 영혼을 들여다보았으나 아무것도 찾아볼 수 없었습니다' 라고 말했다. 사실 나에게 영혼 같은 것은 있지도 않고, 인간다운 점도 찾아볼 길 없으며, 인간의 마음을 보전하는 도덕적 원리란 모두 나에게는 인연이 멀다는 것이었다.(『이방인』, p.134).

왜 부도덕한가? 의미론적 관점에서 도덕적 원리는 '엄마' 와의 관계를 /attachment/으로 정의하는 것이며, 또한 장례식장에서 고인의 죽음을 애도하는 것, 즉 /death/와 /dysphoria/가 결합된 의미론적 구조에 상응하는 것이다. 반면 뫼르소가 엄마에 대해 보인 태도는 /non-attachment/이고, 장례식장에서 그가 취한 행동은 /death/와 /euphoria/가 결합된 형태이다. 결과적으로 뫼르소에게 "인간다운 점도 찾아볼 길 없는" /non-human/, 즉 /non-moral/의 자질이 언도된다.

반면 뫼르소의 변호인은 "나도 역시 그 영혼을 들여다보았습니다만, 탁월하신 검사 각하의 의견과는 반대로 나는 그 무엇인가를 발견할 수 있었습니다."라고 반박한다.(『이방인』, p.137) 그는 뫼르소가 "성실한 인물이요 규칙적이고 근면하고, 일하고 있던 회사에 충실했으며, 모든 사람들로부터 호평을 받고, 다른 사람의 불행을 동정하는 사람"이라고 항변한다.(『이방인』, p.137) 그러나 뫼르소가 보기에 이러한 그의 변론은 검사에 대한 반론이 아니다. 왜냐하면 중요한 다음의 사실에 관한 언급이 빠져 있기 때문이다.

> 다만 장례식에 관해서는 아무 말이 없었다, 그것이 그의 결론의 결함이라는 것을 나는 느꼈다. (『이방인』, p.138).

검사는 뫼르소를 /non-moral/한 사람으로 규정한다. 반면 변호사는 /moral/한 사람이라고 반박한다. 그러나 검사와 마찬가지로 변호사 역시 오직 도덕 스키마로 뫼르소의 행동을 평가한다. 바로 이러한 이유로 인해 그는 장례식에 관해 침묵할 수밖에 없는 것이다. 장례식장에서 뫼르소가 보인 행동은 누가 보더라도 /non-moral/하기 때문이다.

장례식 직후 뫼르소와 함께 페르낭델이 나오는 코미디 영화를 함께 본 마리나 창고업을 하는 레몽의 증언은 증언 그 자체의 신뢰가 떨어져 결코 뫼르소의 도덕성을 옹호하지 못한다. 아랍인 살인 사건이 단순히 "불운"[101]이었다고 되풀이해서 말한 식당주인인 셀레스트와 그저 "이해해 달라"[102]는 이웃 마송의 증언 역시 배심원들에게 외면당한

101 『이방인』, p.124.

102 『이방인』, p.126.

다. 비도덕적이어서 범행을 저질렀든 도덕적임에도 불구하고 우발적으로 사건이 일어났든 결과적으로 이들은 모두 1부의 사건들을 도덕적 원리로 해명하고 재구성하려고 노력한다. 요컨대 이들의 담화는 모두 도덕적 질서에 속한다. 그런데 도덕적 질서의 원리를 채택하는 순간 이들은 장례식장에서 뫼르소가 보인 태도와 그가 취한 행동에 대해 서로 동일한 결론에 도달할 수밖에 없다. 즉, 뫼르소는 /non-moral/하다는 것이다. 이러한 결론의 밑바탕에는 다음과 같은 의미론적 논리가 작용하고 있다.

(/close to/ ∩ /non-attachment/) ∩ (/death/ ∩ /eurphoria/)

∴ /non-moral/

('엄마' 는 가까운 관계이기 때문에 /close to/란 의소로 제시함)

반면 뫼르소는 1부의 사건을 전혀 다른 방식으로 해명한다. 1부의 스토리는 뫼르소의 담화에 의해 다시 한 번 전복된다.

3.2. 태양 스키마

『이방인』의 가장 충격적인 대목은 필경 뫼르소가 살인의 동기를 밝히고 있는 다음의 부분일 것이다.

> 나는 이야기하고 싶었으므로 일어서서 그저 생각나는 대로, 아랍인을 죽이려는 의도는 없었다고 말했다. 재판장은 그건 하나의 주장이라고 대답하고, 지금까지 자기는 나의 변호방식을 잘 이해하지 못하고 있으

니 변호사의 말을 듣기 전에 내가 그런 행동을 하게 된 동기를 명확히 말해주면 좋겠다고 했다. 나는 빠른 어조로 좀 뒤죽박죽이 된 말로, 그리고 우스꽝스러운 말인 줄 알면서도, 그것은 태양 때문이었다고 말했다. 장내에 웃음이 터졌다.(『이방인』, p.136)

『이방인』의 등장인물들에게 이 결론은 우스꽝스러운 것이겠지만 『이방인』의 독자들에겐 어느 정도 준비된 것이다. 21쪽에서 시작하는 『이방인』의 한국어 번역본에서 태양과 직접적으로 관련된 표현 - '태양', '햇빛', '빛', '햇볕' 등 - 은 다음의 빈도로 등장한다.

〈태양〉의 출현 빈도

1부	1장	22(1), 25(1), 31(2), 34(2), 35(4), 36(1)
	2장	40(1), 44(1)
	3장	48(1)
	4장	59(2)
	5장	없음
	6장	75(1), 78(1), 79(3), 81(3), 83(2), 84(2), 85(6), 86(5), 87(6), 88(1)
2부	1장	95(1), 96(1)
	2장	102(1)
	3장	113(1)
	4장	136(1), 139(1)
	5장	149(1)

가장 높은 출현 빈도를 보이고 있는 대목은 장지로 이동하는 장면과 아랍인의 살인 장면이다. 평균적으로 5쪽을 간격으로 텍스트 속에 반복 출현하는 '태양' 은 독자의 머릿속에 장기 기억된다. 136쪽에서 뫼르소가 살인의 동기를 밝히는 순간 이 기억은 어떤 역할을 하는가? 독자 반응 이론과 인지 심리학에 이론적인 토대를 둔 인지 서사학의 관

점에서 이 질문은 매우 중요하다. 우리는 스키마의 형성 과정에 대한 고찰을 통해 이 질문에 대한 가능한 답변을 제시하고자 한다.

독서 과정 속에 태양에 대한 정보가 독자의 머릿속에서 점차 구조화된 형태를 띠게 된다고 가정해보자. 즉, 태양의 스키마에 대한 독서 가설을 세워보자. 이 스키마는 단 번에 형성되는 것이 아니라 스토리의 전개 과정 속에서 그 구조적인 형태와 의미 내용이 갖추어진다. 136쪽의 낯선 결론을 낯설지 않은 것으로 해석하기 위해서는[103] 이 과정을 좀 더 자세히 살펴보아야 한다.

『이방인』에서 태양은 단지 자연의 일부로 묘사되지 않는다. 흥미로운 점은 처음부터 태양이 뫼르소의 행동에 영향을 미치는 원인 중의 하나로 제시되어 있다고 하는 점이다.

> 버스를 놓치지 않으려고 나는 뛰어갔다. 그처럼 서둘러대며 달음박질 친 데다가 버스에 흔들리고, 또 가솔린 냄새, 길과 하늘에 반사되는 햇빛causality, 그런 모든 것 때문에 졸음에 빠져버렸다.(『이방인』, p.22).

뫼르소는 외부의 자극에 매우 민감한 반응을 보인다. 특히 태양에 즉각 반응한다. 그 결과 그는 줄곧 무기력증에 빠진다. 태양이 등장하는 대부분의 장면에서 이 과정이 반복된다. 이 태양은 정오의 태양이며 "오후의 아름다운 빛"(p.25)으로 묘사되는 "과히 뜨겁지 않은" "네 시의 태양"[104]과는 의미론적으로 구별된다. 요컨대 전자가 /transitive(타

---

103 조너선 컬러Culler는 독서의 이러한 과정을 "자연화"naturalization라고 부른다.(1975). 즉, 자연스럽지 못해 보이는 이야기를 자연스러운 것으로 이해하고자 하는 과정이 "자연화"이다. 컬러는 이 과정을 독서의 일반적 과정으로 정의한다.

104 『이방인』, p.59.

동적)/하다면 후자는 /intransitive(자동적)/하다.

위의 인용문에서 자극과 반응의 연쇄는 인과적 관계로 설명된다. 즉, 밑줄 친 부분에 의해 '햇빛' 에 /인과성/이 부여된다. 인과성의 스키마는 CAUSE → EFFECT로 표상된다. (Lakoff and Johnson 1980). 드랜시(DeLancey)에 따르면 이 스키마는 타동성의 전형적 사례에 해당한다.[105] 그는 타동적 연쇄를 인과적 관계로 다음과 같이 표상한다.[106]

ACT OF VOLITION → ACTION → EVENT → RESULTANT STATE

왼쪽 절점은 오른쪽 절점의 원인이며 오른쪽 절점은 왼쪽 절점의 결과이다. 즉, 사건의 원인은 행위이고 행위의 결과는 사건이다. 위의 인용문에서 햇빛이 하늘에 반사되는 ACTION이 취해졌고 그 결과 뫼르소는 졸음에 빠지는 RESULTANT STATE에 이르게 되었다. 다시 말해 타동적 연쇄 속에서 ACTION → RESULTANT STATE가 활성화되어 있다.

레이코프와 존슨은 이러한 인과적 관계가 성립되기 위한 조건을 다음과 같이 명시한다.[107]

① 능동자는 수동자의 상태의 변화를 목표함
② 상태의 변화는 물리적임
③ 능동자는 이 목표를 수행하기 위한 계획을 가지고 있음.
④ 계획은 능동자의 모터 프로그램 사용을 요구함.

---

105 DeLancey (1987), p.60.
106 DeLancey (1990), p.304.
107 Lakoff & Johnson (1980), pp.70-1.

⑤ 능동자는 그와 같은 모터 프로그램을 통제함.

⑥ 능동자는 계획의 수행에 대한 일차적인 책임이 있음.

⑦ 능동자는 힘의 기원(즉 능동자는 자신의 힘을 수동자에게 행사함)이고 수동자는 힘의 목표(즉 수동자의 변화는 힘의 외적 기원에 의거함)

⑧ 능동자는 수동자를 자신의 몸체나 도구로 타격함.(즉, 능동자의 행위와 수동자의 변화 사이에 시공간적인 중첩이 이루어짐)

⑨ 능동자는 성공적으로 계획을 수행함

⑩ 수동자의 변화가 지각 가능함.

⑪ 능동자는 감각 지각을 통해 수동자의 변화를 모니터함.

⑫ 하나의 특수한 능동자와 하나의 특수한 수동자가 존재함.

위의 12가지 조건들을 생크와 아벨슨이 예시한 스크립트 모델에 따라 재편성하면 다음과 같다. (우리는 사건의 시퀀스를 기술하기 위해 드랜시의 타동적 연쇄 모델을 참조하였다.)

〈CAUSE → EFFECT 스키마〉

슬롯(slot)	필러(filler)
소도구(props)	모터 프로그램(④)
참여자(participants)	능동자(⑦, ⑫), 피동자(⑦, ⑫)
입력 조건(entry condition)	①, ③, ④, ⑤, ⑥, ⑫
결과(results)	②, ⑪
사건 시퀀스 (sequence of events)	ACT OF VOLITION(①) ACTION(⑧) EVENT(⑨) RESULTANT STATE(②, ⑩, ⑪)

위에서 제시한 12가지 조건들을 모두 충족시켜주는 경우가 전형적인 인과 관계에 해당한다. 반면 능동자가 인간이 아니라든가 피동자의 변화에 대한 의도가 없다든가 하는 경우는 비전형적인 것이다.[108] 앞의 인용문에서 햇빛과 뫼르소 사이에 형성된 인과관계는 ②, ⑦, ⑩, ⑫ 조건들을 만족시켜준다. 35쪽에 등장하는 "뜨거운 햇볕을 받아 아스팔트가 녹아서 갈라터져 있었다."란 문장에서는 추가로 ⑧의 조건이 충족된다. 물질로서의 태양이 /non-human/이기 때문에 의도성을 전제로 삼고 있는 나머지 조건들은 여기서 고려의 대상이 되지 않는다. 그런데 『이방인』에서 과연 태양이 물리적 대상으로서 단지 /non-human/의 자질만을 보유하고 있는가? 우리는 태양의 스키마를 보다 잘 이해하기 위해 이 문제를 자세히 검토해야 한다. 먼저 다음과 같은 점을 지적하자. 태양의 모터 프로그램에 해당하는 예컨대 "이글이글 내려쬐는 햇볕"[109]이 작품 전체를 통해 강조되어 있어 이와 관련된 ④, ⑤의 조건이 부분적으로 충족된다고 하는 점이다.

의미론적 관점에서 태양과 뫼르소의 관계는 요컨대 /dominating/과 /dominated/, /superiority/와 /inferiority/의 관계로 설정되어 있다. 그 결과 뫼르소는 /dysphoria/의 상태에 빠지거나 이러한 상태에서 벗어나기 위한 행동을 취한다. 다음의 문구들을 살펴보자.

1) 해는 하늘superiority로 좀 더intensity 높이superiority 떠올랐다superiority. 햇빛이 내 발dominated을 뜨겁게dysphoria 비추기dominating 시작했다.(『이방인』, p.31)

108 Lakoff and Johnson (1980), p.72.

109 『이방인』, p.48.

2) 오늘은, 풍경을 전율케dominating 하면서 천지에intensity 넘쳐나는 dominating 햇빛으로 인하여causality 이 공장은 비인간적superiority이고도 사람dominated의 기를 꺾어놓는dominating + superiority 분위기를 자아내었다.(『이방인』, p.34).

3) 햇볕이 너무intensity 뜨거워지자dysphoria 마리dominated가 물속으로 뛰어들었고inferiority 나dominated도 그녀의 뒤를 따랐다inferiority.(『이방인』, p.40)

4)햇빛은 거의 수직적으로superiority 모래 위에 쏟아져내리고dominating 있었고 바다 위에 반사하는 그 빛은 견디기 어려울intensity +dysphoria 지경이었다.(『이방인』, p.81)

태양이 비인간적인 것은 사실 초인간적이기 때문이다. 초인간적인 태양이 정오의 세상을 지배한다. /superiority/와 /dominating/의 두 의소가 태양의 이러한 초인적인 강렬함을 잘 요약해준다. 물질로서의 태양은 지향성을 결여하고 있다. 그런데 이 태양은 작품 전체에 걸쳐 /non-human/이라는 소극적 자질보다 /super-human/으로 묘사되어 있다. 네 시경의 태양이 자연으로서의 태양에 불과하다면 정오의 태양은 매우 공격적이다. 그렇다면 /super-human/으로서 이 태양에 모종의 지향성을 부여할 수도 있지 않을까? 만약 그러할 수 있다면 앞에서 배제된 인과성의 조건들이 모두 충족될 수 있기 때문에 인과성의 도식이 보다 완벽한 형태를 띨 수 있게 된다.

/human/인 뫼르소는 태양의 지배를 받고 무기력한 상태에 빠진다. /dominated/와 /inferiority/란 이 두 의소는 그의 이러한 상태를 잘 대

변한다. 타동적 행위의 결과 초래되는 상태는 /dysphoria/이다. 인용문 3)에서 마리와 뫼르소는 이 상태로부터 벗어나기 위한 임시방편의 하나로, 물속으로 뛰어든다. 지금까지 분석한 내용을 토대로 태양의 스키마를 완성하면 다음과 같다.

〈태양〉의 스키마

슬롯(slot)	필러(filler)
소도구(props)	햇볕 또는 햇빛(superiority +dominating)
참여자(participants)	태양(superiority +dominating) 뫼르소(inferiority + dominated)
입력 조건(entry condition)	정오
결과(results)	dysphoria
사건 시퀀스 (sequence of events)	ACT OF VOLITION(superiority) ACTION(dominating) EVENT(dominating - dominated) RESULTANT STATE(PASSION: dysphoria /ACTION: escaping)

태양의 스키마에 참여하는 참여자들은 태양과 뫼르소이다. 태양 스키마가 작동하기 위한 입력 조건은 정오이다. 타동성을 결여한 네 시의 태양은 스키마의 작동을 유도하지 못한다. 능동자인 태양은 강렬한 자신의 햇볕으로 모터 프로그램을 가동하여 피동자인 뫼르소에게 물리적인 타격을 가한다. 태양의 공격에 뫼르소는 두 가지 형태의 반응을 보인다. 하나는 PASSION이다. 즉, 그는 공격을 받아 /dysphoria/한 상태에 빠진다. 다른 하나는 이 상태로부터 벗어나기 위한 ACTION을 취하는 것이다. 이 두 반응의 논리적 구조는 다음과 같다.

→ [PASSION: /dysphoria/

/dominated/ +/inferiority/ →

→ [ACTION: /escaping/]

태양을 피해 바다로 뛰어드는 장면이나 아랍인 살인 장면은 ACTION을 취하게 된 과정을 잘 예시해준다. 후자의 장면을 예로 들어 보자.

> 그것은 어머니의 장례식[death]을 치르던 그날과 똑같은 태양이었다. 그날과 똑같이 머리가 아팠고[dysphoria], 이마의 모든 핏대가 한꺼번에 다 피부 밑에서 지끈거렸다[dysphoria]. 그 햇볕의 뜨거움[dysphoria]을 견디지 못하여[inferiority] 나는 한 걸음 앞으로 나섰다. 나는 그것이 어리석은 짓[inferiority]이며, 한 걸음 몸을 옮겨본댔자 태양[dominating]으로부터 벗어날 수 없다는[dominated + inferiority] 것을 알고 있었다. 그렇지만 나는 한 걸음, 다만 한 걸음 앞으로 나섰던 것이다. 그리자 이번에는 아랍 사람이, 몸을 일으키지는 않고 단도를 뽑아서 태양빛에 비추며 나에게로 겨누었다. 빛이 강철 위에서 반사하자, 번쩍거리는 길쭉한 칼날이 되어 나의 이마를 쑤시는[dysphoria] 것 같았다. 그와 동시에, 눈썹에 맺혔던 땀이 한꺼번에 눈꺼풀 위로 흘러내려 미지근하고 두꺼운 막이 되어 눈두덩을 덮었다[dominated]. 이 눈물과 소금의 장막에 가리어서[dominated] 나의 눈은 보이지 않았다[dysphoria]. 다만 이마 위에 울리는 태양의 심벌즈 소리[superiority]와, 단도로부터 여전히 내 앞으로 뻗어 나오는 눈부신 빛의 칼날을 느낄 수 있을 뿐[dominated]이었다. 그 뜨거운 칼날은 속눈썹을 쑤시고 아픈[dysphoria] 두 눈을 파헤치는 것이었다. 모든 것이 기우뚱한 것은 바로 그때였다. 바다는 무겁고 뜨거운 바람을 실어 왔다. 하늘은 활짝

열리며 불superiority을 비오듯intensity 쏟아놓은dominating 것만 같았다. 나는 온몸이dominated + intensity 긴장하여inferiority 손으로 피스톨을 힘 있게 그러쥐었다. 방아쇠가 당겨졌고, 나는 권총 자루의 매끈한 배를 만졌다. 그리하여 짤막하고도 요란스러운 소리와 함께 모든 것이 시작되었던 것이다. 나는 땀과 태양을 떨쳐버렸다escaping.(『이방인』, p.87-8).

법정 진술과 같이 뫼르소는 "태양 때문에" 방아쇠를 당겼지만, 이는 또한 "태양을 떨쳐버리기" 위한 행위이기도 했던 것이다.

뫼르소는 1부의 스토리를 태양의 스키마로 재구성한다. 도덕 스키마는 죄인이기 때문에 죄를 진다고 논리를 따르고 있다. 반면 태양 스키마는 전혀 다른 논리를 제시한다. 바로 태양의 논리이다. 도덕적 논리가 내적이라면, 태양의 논리는 외적이다. 즉, 동인이 안에 있는 것이 아니라 밖에 있다. 뫼르소는 사르트르가 "양의 윤리"라고 명명한 이 밖의 논리에 따라 행동한다.[110] 뫼르소의 의식이 의미에 대해 불투명한 것은 이 의미가 의식 밖에 존재하기 때문이다. 따라서 우리는 이 의식을 통해 밖에 존재하는 의미를 물을 수 없다. 의식 밖에 존재하는 이 의미는 태양의 의미이며 태양의 의미란 사실 무의미의 또 다른 이름에 지나지 않는다. 우리는 『이방인』에서 오직 이 무의미를 통해 이방인의 의식을 이해할 수밖에 없다.

110 사르트르 (1947(1987)), p.170.

4. 결론

『이방인』은 제1부와 제2부로 구성되어 있다. 블랑쇼는 이 구성으로 인한 음색의 변화에 주목한다. 우리는 이 논문에서 이 변화를 서사학적 관점에서 새롭게 조명해볼 것을 제안하였다. 우리가 제안한 서사학적 구분이란 스토리와 담화의 구분이다. 스토리는 있는 그대로의 사건을 가리킨다. 담화는 이러한 사건을 서술하는 방식과 관련되어 있다. 따라서 우리는 이야기의 객관적 전개에 비중을 둔 제1부를 스토리에, 주관적 판단이 개입하고 있는 제2부를 담화에 각각 해당하는 것으로 독서의 가설을 정하였다.

우리는 패트릭 오닐의 가설에 따라 스토리가 담화에 의해 전복되는 과정을 기술하기 위해, 한편으로 인공지능에서 사용하는 스키마 모델과, 다른 한편으로 텍스트 의미론에서 사용하는 의소 분석의 방법론을 차용하였다. 우리는 특별히 장례의 스키마를 중심으로 『이방인』의 텍스트를 분석하였다.

장례 스키마의 일반적인 의소 분자는 /death/ + /attachment/ + /dyphoria/로 나타난다. 반면 뫼르소가 장례식장에서 취한 행동은 /death/ + /non-attachment/ + /euphoria/로 매우 비전형적인 양식을 보여준다. 제2부에서 이러한 양식은 도덕 스키마에 따라 비도덕적인 것으로 선언된다. 반면 우리는 뫼르소의 행동 양식이 도덕 스키마가 아닌 태양의 스키마를 따르고 있다는 점을 지적하였다. 이 스키마는 인과적 과정으로 구성되어 있다. 태양에게 /superiority/와 /dominating/의 자질이 부여되는 반면, 뫼르소에게는 /inferiority/와 /dominated/의 자질이 부여된다. 그 결과 뫼르소는 /dysphoria/한 상태에 빠지거나 태양을 피해 도주하는 행동을 취한다. 도덕 스키마는 행동의 원인을 안에서, 즉 초자아(superego)에서 찾는다. 반면 태양 스키마는 밖에서,

즉 超타자(super-otherness)인 태양에서 찾는다. 제1부의 장례식 스토리는 이 두 스키마에 의해 전혀 다른 스토리로 읽혀지고 또한 해석될 수 있다.

8

『냉정과 열정 사이』

- 목소리와 시선

서사로 읽는 서사학

8

냉정과 열정 사이

목소리와 시선

1. 냉정 속의 열정

이 책은 두 권으로 이루어져 있다. 두 권 모두 제목이 같다. 그러나 작가가 다르다. 스토리도 다르다. 하나는 아오이 이야기(Rosso)이고 다른 하나는 쥰세이 이야기(Blue)이다. 이 두 이야기는 모두 사랑 이야기이다. 전자는 쥰세이에 대한 아오이의 사랑 이야기이고 후자는 아오이에 대한 쥰세이의 사랑 이야기이다. 따라서 이 책은 사실 하나의 사랑 이야기이다. 아니, 좀 더 정확히 말하자면 하나뿐인 사랑 이야기이다. 왜냐하면 이 책은 첫사랑의 뜨거움을 기억 깊숙이 묻어둔 두 연인의 사랑 이야기이기 때문이다. 이 처음 사랑이 마지막 사랑이 된 이들의 삶은 또 다른 사랑에 냉담하다. 이 책은 냉정과 열정 '사이'를 오가기보다 냉정 '속'에 열정을 감춘 두 연인의 하나뿐인 사랑 이야기를 들려준다. 이 책은 한 권으로도 족하지만 두 권으로도 충분하지 않다. 하나로 끝날

수 있는 이야기가 결코 둘로 끝나지 않기 때문이다. 그래서 냉정과 열정 사이에 끝내 스토리의 결말이 모호한 채로 남아 있다. 이 모호함이 냉정과 열정 사이에 발이 묶인 독자인 우리를 쉽게 놓아주지 않는다.

이 책은 일인칭 서술자가 자신의 시점으로 쓴 책이다. 따라서 두 명의 서술자(narrator)와 두 명의 초점화자(focalizer)가 존재한다. 그리고 두 명의 주인공이 두 권의 책에 각각 홀로 등장한다. 아오이 이야기 속에 등장하는 쥰세이는 주인공이 아니다. 쥰세이 이야기 속에 등장하는 아오이 역시 주인공이 아니다. 이들은 각자 다른 사람과 사랑을 나누며 현실을 감내한다. 그러나 이 현실은 이들의 현재가 되지 못한다. 이들은 과거를 회상하며 살거나 미래의 약속을 막연히 기대하고, 묵묵히 기다리며 살아간다. 따라서 이들에게 현재는 존재하지 않는다. 각자의 연인들과의 육체적 결합은 오직 순간 속에 충만한 존재감을 불어넣어 줄 수 있을 뿐이다. 그러나 이 순간은 살아 있는 현재의 끈으로 연결되지 못한 채 끊임없이 파편화되고, 끝내 소멸한다. 이들에게 현재란 물리적으로는 존재하지만 심리적으로는 존재하지 않은 무의미의 단위이다. 이들은 이 물리적 시간 속에 끝내 거주하지 못한다. 이들의 현재는 오직 이들의 만남에 의해 복원될 수 있으리라. 이 만남은 "과거와 미래가 연결된 장소"[111]에서 만나는 꿈같은 만남이다. 하지만 이 만남은 인연의 끈에 의해 묶인 절실한 만남이기도 하다. 그래서 필연적이다. 이 인연의 철학적 바탕은 두 연인의 친구인 다카시의 전공인 불교이고, 미학적 근거는 쥰세이 할아버지의 그림인 「인연의 사슬」이다. 우리는 이 끊어진 사슬이 다시 맺어지는 과정을 그린 이 두 이야기를 두 서술자의 목소리를 통해 듣고, 그들의 시선을 통해 보고자 한다.

2. 비움과 채움, 그리고 어긋남

『냉정과 열정 사이』는 아오이 이야기의 작가 에쿠니 가오리가 먼저 원고를 완성하고 나면 쥰세이 이야기의 작가 츠지 히토나리가 이를 참고해 자신의 원고를 작성해나가는 방식으로 쓰여 진 작품이다. 두 명의 작가가 같은 사랑 이야기를 서로 다른 시각에서 서술할 것을 약속하고 작업에 착수한 것이다. 이 작업 속에서 우리는 비움과 채움의 서술 전략을 발

111 『냉정과 열정 사이 Rosso』, p. 258.

견한다. 모든 이야기는 모두 다 이야기하지 않는다는 점에서, 아니 모두 다 이야기할 수 없다는 점에서 근본적으로 비움의 글쓰기이다. 이 비움을 채울 궁극적인 책임은 독자에게 있다. 독서 활동이란 이야기하지 않은 것을 이야기하는 것이다. 쥰세이 이야기의 작가 히토나리는 아오이 이야기의 첫 독자이다. 아오이의 이야기의 빈 여백이 상당 부분 준세이의 이야기에 의해 메워지는 이유는 바로 여기에 있다. 이처럼 한쪽이 비우면 다른 쪽이 채우는 상보적인 글쓰기의 과정을 먼저 몇 가지 일화를 통해 살펴보자.

- 아오이와 쥰세이의 첫 만남.

아오이 이야기에서 아오이가 쥰세이를 처음 어떻게 만나게 되었는가는 언급되어 있지 않다. 우리는 쥰세이 이야기를 읽으며 쥰세이가 다카시의 소개로 아오이를 만난 사실을 비로소 알게 된다.

- 아오이에게 보낸 쥰세이의 편지.

첫 사랑이 끝이 나고 아직 두 번째 사랑에 확신이 서지 않은 가운데 아오이와 쥰세이는 서로를 그리워하며 살아가고 있다. 이 두 사람의 그리움에 인연의 다리를 다시 놓은 사람은 이 두 사람의 친구인 다카시이다. 아오이는 어느날 쥰세이로부터 한 통의 편지를 받는다. 밀라노에서 아오이를 만난 다카시가 도쿄에 사는 쥰세이에게 그녀의 주소를 알려준 것이다. 우리는 아오이 이야기에서 아오이가 다카시와 만나 준세이에 관해 나눈 이야기의 전모를 알지 못한다. 그런데 바로 이 대화의 내용 속에 쥰세이가 아오이에게 편지를 쓰게 된 동기가 감추어져 있다. 우리는 이 감추어진 부분을 쥰세이 이야기에서 읽을 수 있다. 아오이가 쥰세이의 아이를 유산하게 된 배경에 쥰세이의 아버지가 존재한다는 사실이다. 이 사실에 경악한 쥰세이는 뒤늦게 용서를 구하기 위해 아오이에게 편지를 쓰기로 결심한 것이다. 이 편지로 인해 결국 둘 사이의 인연의 사슬이 다시 이어진다.

- 아오이와 쥰세이와의 재회.

아오이 이야기와 쥰세이 이야기 모두 아오이와 쥰세이가 피렌체 두오모에서 8년 만에 만나 사흘 동안 꿈같은 시간을 보내고 다시 헤어지는 장면으로 끝을 맺는다. 아오이 이야기는 아오이가 밀라노로 떠나기 전 쥰세이와 함께 점심을 먹으로 나가는 장면으로 이야기의 매듭을 짓고 있다. 반면 쥰세이 이야기는 점심을 함께 먹고 난 뒤 쥰세이가 아오이를 기차역에서 배웅하는 장면으로 이야기의 끈을 이어간다. 그리고 아오이가 밀라노에 도착하는 예정 시각보다 15분 앞서 밀라노에 도착하는 "밀라노 행 국제 특급"에 서둘러 탑승하는 장면으로 마무리된다. 밀라노에서 쥰세이가 아오이를 다시 만난다면 앞으로 이들에게 과연 어떤 일이 기다리고 있을까? 두 연인은 과연 냉정을 버리고 처음처럼 다시 서로에게 열정을 보일 것인가? 냉정과 열정 사이에 존재하는 이 궁극적인 여백을 채워가야 할 책임은 필경 독자인 우리에게 있을 것이다.

쥰세이 이야기는 이처럼 아오이 이야기 속에 남겨진 빈 여백을 채워준다. 비움과 채움의 이러한 서술은 서로를 돕기도 하지만 서로 어긋나기도 한다. 두 명의 작가가 시차를 두고 작성한 두 권으로 된 한 작품 속에서 우리는 비움과 채움뿐만 아니라 어긋남의 서술 전략 또한 발견하게 된다. 모두 다 이야기하지 않은 것이 비움이고 이야기하지 않은 부분을 이야기하는 것이 채움이라면 함께 이야기하면서 서로 다른 이야기를 하는 것이 어긋남이다. 이 어긋남으로 인해 비움과 채움의 과정은 비로소 변증법적 형태를 띠고 발전하게 된다. 빈 곳을 채우는 과정에서 발생한 어긋남이 새로운 빈 곳을 만들기 때문이다. 요컨대 어긋남은 채워진 여백 속에 또 다른 여백을 남겨 놓는다. 우리는 비우고 채우는 과정에서 빚어진 이 어긋남을 두 가지 측면에서 살펴보고자 한다. 첫째, 스토리의 어긋남. 두 명의 작가가 쓴 하나의 작품을 과연 하나의 스토리로 읽을 수 있을 것인가? 두 명의 서술자가 들려주는 하나의 이야기는 믿을만한가? 둘째, 담화의 어긋남. 두 개의 서술과 두 개의 시각이 부딪히고 어긋나는 과정 속에서 스토리의 세계를 어떻게 복원할 것인가? 우리는 오닐이 언급한 담화에 의한 스토리의 전복 과정을 이 두 어긋남의 변증법을 통해 살펴보고자 한다.

3. 어긋남의 변증법 – 담화에 의한 스토리의 전복

3.1. 스토리의 어긋남

3.1.1. 종이 조각

아오이 이야기와 쥰세이 이야기에 겹치기로 출현한 한 흥미로운 인물에 우리의 시선을 돌려보자. 이 인물은 앞에서 언급한, 아오이와 쥰세이의 친구인 다카시이다. 다카시는 밀라노의 한 일본인 학교에서 아오이와 함께 수학한 적이 있고, 일본으로 건너와 대학을 마친 뒤 다시 대학원에 진학하여 불교를 전공하고 있는 만학도이다. 우리가 보기에 이 인물이 흥미로운 이유는 그의 전공 때문이다. 주지하다시피 불교 철학의 핵심 사상 중의 하나는 인연이다. 다카시는 서로 다른 두 이야기에 동시에 등장하면서 끊어진 인연의 사슬을 다시 이어주는 "큐피트"[112]로서의 서사적 역할을 수행한다. 일본의 한 대학에서 아이오를 다시 우연히 만나게 된 그는 그녀에게 자신의 학급동료인 쥰세이를 소개한다. 쥰세이는 뉴욕에서 태어나 뉴욕에서 자랐으며, 일본 문학을 공부를 하기 위해 일본에 유학 온 청년이다. “외국에서 온 특별한 학생들”[113]이었던 이들은 절친한 친구 사이로 지낸다. 하지만 열정의 짧은 시간을 보낸 뒤 서툰 두 연인은 결국 갈 길을 따로 정하게 된다. 쥰세이와 헤어진 아오이는 자신의 고향인 밀라노로 돌아와 한 미국인과 긴 세월 동거한다. 아오이와 헤어진 쥰세이 역시 이탈리아로 유학의 긴 길을 떠난다. 복원사로서의 경력을 쌓은 곳은 중세의 고도 피렌체이다. 그는 그곳에서 이탈리아인 아버지와 일본인 어머니를 둔 한 여인과 동거한다. 아오이와 쥰세이는 가까운 이웃에 함께 살고 있지만 멀리서 서로를 추억할 뿐 실제로 마주치지는 않는다. 이런 이 둘 사이에 인연의 다리를 다시 놓은 사람이 다카시이다.

다카시는 지금 유럽 여행을 마치고 동경에 와 있다. 자료 조사차 길을 나서던 중 우연히 쥰세이의 집 앞을 지난다. 쥰세이 이름이 적힌 문패가 여전히 문 앞에 걸려 있는 것을 확인하고 벨을 누르자 메미란 이름의 한 여인과 함께 쥰세이가 그를 맞는다. 그들은 카페로 자리를 옮겨 학창 시절을 회상하고 잠시나마 추억에 젖는다. 다카시는 쥰세이에게 “한 종이 조각”을 건네며 옛 친구와 작별한다.

> 거기에 주소 같은 것이 적혀 있었다. 낯익은 글씨체. 그것이 아오이가 손수 쓴 문자라는 것을 깨닫기 전에, 다카시는 아오이가 건네 준 것이라고 했다. 이걸 내가 가져서 뭘 해, 하고 반사적으로 물었다. 그는 힘없이 고개를 가로 저었다.

---

112 『냉정과 열정 사이』, p. 156.

113 『냉정과 열정 사이』, p. 96.

"헤어질 때 아오이가 말없이 건네 준 거야. 물론 너에게 건네주라는 말은 없었어. 그러나 이걸 건네주는 순간, 그녀의 눈동자 깊은 곳에서 빛나는 무엇을 보았지. 그게 마음에 걸리더라. 나의 심한 비약일지도 몰라. 그렇지만 이렇게 이 거리에서 옛날로 돌아온 것처럼 너를 만났다는 건 단순히 우연만은 아닐 거야. 내가 지금 공부하는 분야도 이런 우연을 학문적으로 설명하려는 거지. 이건 어떤 의미에서 부처님이 내게 던져 준 시련의 하나일지도 모르겠어."
그렇게 말하고 다카시는 은은한 웃음을 던졌다.(『냉정과 열정 사이 Blue』 pp.155-6).

인연은 필연적인 우연이다. 불교 철학에 기대 다카시는 쥰세이와의 우연한 만남을 "시련"으로 "설명"하고 자신의 임무를 완수한다. "헤어질 때 아오이가 말없이 건네 준 것"으로 서술된, "주소 같은 것이 적혀" 있는 "종이 조각"의 실체는, 그러나 아오이의 이야기에 등장하지 않는다. 이제 쥰세이가 아닌 아오이의 말에 귀를 기울여보자.

다카시는 아직 유럽 여행 중이다. 밀라노에 도착한 그는 지인을 통해 아오이의 거처를 알아내고 동창인 그녀를 찾는다. 뜻밖의 방문을 받은 아오이는 반갑게 그와 해후한다. 밀라노의 두오모를 산책하며 그들은 "벌써 잊은 옛날 일"[114]에 관해 짧은 대화를 나눈다. 귀국 전날 다카시는 아오이의 동거인이자 "나이스 가이"[115]인 마빈의 집에 저녁 식사 초대를 받는다. 아오이에 따르면 그는 "완벽한 손님이었다"[116]. 식사 후 아오이와 그가 작별 인사를 나누는 다소 긴 장면을 인용해보자.

---

114 『냉정과 열정 사이』, p.96.
115 『냉정과 열정 사이』, p.176.
116 『냉정과 열정 사이』, p.110.

기묘한 저녁 식사였다.

베란다에서 저녁 바람을 맞으면서 나는 잔을 흔들었다. 얼음이 부딪쳐 카랑카랑 시원한 소리를 낸다. 아말레드 소다는 녹은 얼음 탓에 점점 더 엷어지고, 지금은 거의 물 같다. 맥 빠진 탄산수.

괜찮아. 나는 자신에게 말한다. 다카시는 이제 가 버렸어.

- 잘 지내.

어젯밤 현관에서, 다카시는 그렇게 말했다. 나를 가볍게 포옹하고 상큼하게 웃는 얼굴로.

- 다카시도.

내가 말하자 다카시는 싱긋 고개를 끄덕이고, 그리고,

- 좋은 사람들이야.

라고 말했다. 일본말로. 좋은 사람들이라고.

- 즐거웠어.

그리고 다카시는 가버렸다.

나는 방으로 들어와 카디건을 걸치고, 남은 아말레드를 싱크대에 부어버렸다. 거울에 비친 내 얼굴을 본다. 괜찮아. 다시 한 번 생각했다. 이제 여기에는 내게 도쿄를 떠올리게 할 아무도 없다.(『냉정과 열정 사이 Rosso』, pp.114-5).

"도쿄 냄새"[117]가 났던 다카시가 떠나고 이제 "도쿄를 떠올리게 할 아무도 없는" 어느 날 아오이는 마빈의 집에서 도쿄로부터 날아 온 한 통의 편지를 받는다. 쥰세이가 보낸 것이다. 이 편지의 모두는 다음과 같다.

---

117 『냉정과 열정 사이』, p.110.

이렇게 갑작스럽게 편지 써서 미안해. 정말 오랜만이군. 이 편지를 어떤 식으로 시작해서 어떤 식으로 끝맺어야 할지, 나 아까부터 골머리를 앓고 있어. 나 원래 편지를 잘 못 쓰잖아. 유난히 일본어를 좋아하고 독서가인 아오이한테 쓰려니 더욱 그렇네.

- 바보 같긴.

그렇게 말하며 아오이가 웃을까.

밀라노로 돌아갔다면서. 다카시한테 들었어. 그리고 완전히 새로운 생활을 하고 있다는 것도. 안심했다고 말해야겠지. 주소는 내가 다카시한테 억지로 알아냈어. 다카시한테 화내지 말기를 바래. (『냉정과 열정 사이 Rosso』 pp.175-6).

아오이 이야기에서 아오이는 자신의 주소가 적힌 쪽지를 따로 다카시에게 건넨 적이 없다. 아오이의 집을 방문한 다카시에게 쥰세이가 간청하여 주소를 알아낸 것으로 서술되어 있을 뿐이다. 반면 쥰세이 이야기에서 다카시는 쥰세이가 궁금해 하기도 전에 아오이에게 건네받은 것으로 되어 있는, 그녀의 주소가 적힌 종이 조각을 쥰세이에게 전달한다. 아오이의 이야기와 쥰세이의 이야기가 서로 겹쳐지는 바로 이 부분에서 이들의 이야기는 서로 어긋나 있다. 웨인 부스(W. Booth(1961))는, 서술자는 신뢰할만한가라는 질문을 제기해보라고 독자들에게 권한다.[118] 아오이 이야기와 쥰세이 이야기가 서로 상충하고 있는 이 부분에서 우리는 작가 또한 과연 신뢰할만한가라는 다소 엉뚱해 보이는 질문을 제기해보지 않을 수 없다.

---

118 Booth (1961), pp.339-74.

3.1.2. 두 명의 실재 작가와 하나의 내포 작가

채트먼(Chatman, 1978)은 부스의 내포 작가 개념을 적극 수용하여 사사 텍스트의 커뮤니케이션 모델을 다음과 같이 구축한다.[119]

실재 작가 → [내포 작가 → (서술자) → (피서술자)→ 내포 독자] → 실재 독자

위의 모델에 따르면 대괄호 안의 내포 작가와 내포 독자만이 서사 텍스트에 내재적이고 원 괄호 안에 묶인 서술자와 피서술자는 필수적이지 않다. 실제로 작품을 쓴 실재 작가와 실제로 작품을 읽는 실재 독자 역시 실선으로 표시된 서술적 교환의 외부에 존재한다. 아오이 이야기의 실재 작가는 에쿠니 가오리이다. 준세이 이야기의 실재 작가는 츠지 히토나리이다. 작가가 두 명이라고 하더라도 작품이 하나라면 우리는 하나의 내포 작가를 상정해야 할 것이다. 채트먼에 따르면 내포 작가는 "서술자가 아니며 서술자를 창조해낸 원리이다."[120]

> 서술자와 달리 내포 작가는 우리에게 아무 말도 하지 않는다. 그 혹은 그것—이 표현이 더 적합한데—은 목소리를 가지고 있지 않으며 커뮤니케이션의 직접적인 수단을 보유하고 있지 못하다.(Chatman 1978: 148).

리몬-캐넌은, "목소리를 가지고 있지 않으며 커뮤니케이션의 직접

119 Chatman (1978), p.151.

120 Chatman (1978), p.148

적인 수단도 없는" 내포 작가는 서술 커뮤니케이션의 주체가 될 수 없다고 비판을 가한 바 있다. 실재 작가와 실재 독자가 서술 커뮤니케이션의 실제적 주체라면 서술자와 피서술자는 허구적 주체라고 할 수 있을 뿐이다. 구조 서사학의 이론적 기틀을 마련한 쥬네트 역시 이 내포 작가란 개념이 불필요한 사족에 지나지 않는다고 강하게 비판한다.

> 문제는 따라서 - 여기서 도표의 왼쪽 부분만이 고려되는데 - 다음과 같다. 내포 작가는 필수적 심급이고, 서술자와 실재 작가 사이에 존재하는 타당한 단위인가? 실재적 심급으로서, 분명 대답은 '아니요' 이다. 허구 이야기는 서술자에 의해 허구적으로 산출되며 (실재) 작가에 의해 실제적으로 산출된다. 이들 사이에 아무도 개입하지 않으며 모든 종류의 텍스트적 수행은 주어진 안(案)에 따르자면, 오직 이 둘 중 하나에 귀속될 뿐이다.(Genette 1983:96).

서사학자들이 내포 작가란 개념에 이처럼 유보적인 입장을 취하고 있는 까닭은 서사학이 서사 텍스트의 내용보다 형식에 높은 비중을 두고 있기 때문일 것이다.[121] 내포 작가는 텍스트의 내용 층위에 속한 의미론적 단위이다.[122] 실재 작가는 쓰고 서술자는 말하고 내포 작가는

---

121 쥬네트에 따르면 "서사의 유일한 특성은 그 방식에 있지 그 내용에 있지 않다".(Genette, 1983: 12).

122 킨트Tom Kindt와 뮐러Hans-Herald Müller(2006)는 『내포 작가 개념과 쟁점 The implied Author concept and controversy』에서 '내포 작가' 란 표현의 '내포' 와 '작가' 두 개념으로 인해 수많은 서사학적 논쟁이 발생했다고 진단한다. '내포' 는 내포 작가를 의미론적 단위로, '작가' 는 수사학적 단위로 각각 정의하는 데 기여한다. 이 책의 저자는 커뮤니케이션의 참여자로서의 내포 작가란 개념이 불분명한 반면 텍스트의 의미가 귀속되는 실체로서 이 개념을 이해한다면 이는 사리에 맞는다고 지적한다.(2006: 181).

의미한다.[123] 따라서 한 작품의 의미를 묻고자 한다면 우리는 실재 작가나 서술자가 아닌 바로 내포 작가에게 물어야 한다. 『냉정과 열정 사이』에 내포 작가가 둘이라면 두 권으로 된 이 책은 서로 다른 두 권의 책으로 읽어야 한다. 반면 작가가 둘이라도 내포 작가가 하나라면 우리는 이 두 권의 책을 하나의 작품으로 읽을 수 있다. 요컨대 내포 작가는 텍스트에 의미론적 일관성을 복원시켜주는 역할을 수행한다.

『냉정과 열정 사이』에 하나[124]의 내포 작가가 존재한다는 가설을 바탕으로 두 서술자의 이야기에서 서로 어긋나 있는 스토리의 조각들을 새롭게 맞추어 보자. 먼저 아오이 이야기에서 아오이가 다카시에게 종이 조각을 전달하는 장면이 생략되어 있다고 가정해보자. 이 가정은, 다카시가 떠나고 "이제 도쿄를 떠올리게 할 아무도 없다"고 안도하고 있는 아오이의 모습과 상충한다.

그런데 과연 이 대목에서 아오이는 신뢰할만한 서술자인가? 그녀는 진심으로 도쿄를 밀어내고 싶어 한 것일까? 아니면 밀어내려고 하면 할수록 밀려오는 도쿄의 추억을 회피하고자 혹시 진심을 감추고 있던 것은 아닐까? 우리는 서술자로서 아오이가 자신이 알고 있는 정보의 내용을 모두 충실하게 전달하지 않고 있다고 얼마든지 가정할 수 있다. 왜냐하면 우리는 일인칭 서술자에게 자신이 알고 있는 이야기를 사실 그대로 모두 이야기하라고 요구할 수 없기 때문이다. 부스가 언

---

123 채트먼은 화자가 말하는 것과 텍스트가 의미하는 것을 구분하기 위해 서술자와 함축 작가의 구분이 필요하다고 역설한다. 또한 출판된 책의 기원으로서의 실재 작가와 텍스트 창작의 원리로서 존재하는 함축 작가를 구분해야 한다. 채트먼은 한편으로 서술자와 함축 작가를, 다른 한편으로 실재 작가와 함축 작가를 구분할 것을 주장한다. (Chatman 1990: 76)

124 내포 작가가 채트먼의 주장에 따라 존재론적 단위가 아니라 의미론적 단위라고 한다면 우리는 '한 명의' 대신에 '하나의'란 표현을 사용해야 할 것이다.

급한 서술자의 신뢰성이란 문제가 제기되는 이유도 바로 여기에 있다.

아오이 이야기에서 생략된 부분은 쥰세이 이야기에서 보충된다. 즉, 아오이가 다카시에게 자신의 주소가 적힌 종이 조각을 건넨 것이다. 쥰세이는 이 종이 조각 위에 적힌 아오이의 주소뿐만 아니라 아오이의 글씨체를 한 눈에 알아보았다. 스토리의 논리에 따르자면 아오이가 분명히 종이 조각 위에 집 주소를 적고 이를 다카시에게 건넨 것이다. 만일 이러한 우리의 추론이 잘못된 것이라면 우리는 정말 실재 작가의 신뢰성을 의심해야 할지 모른다. 실재 작가 중의 하나인 가오리가 먼저 원고를 쓰고 나서 또 하나의 실재 작가인 히토나리가 이를 참고해 자신의 원고를 작성했기 때문에 정황상 우리의 추론은 분명 타당성을 갖는다.

그런데 아오이 이야기에서 아오이가 쥰세이로부터 받은 편지의 모두에 담긴 내용과 우리의 추론이 다시 상충한다. 쥰세이는 쥰세이 이야기에서 자신이 알고 있던 사실을 아오이 이야기에서 조금 - 아니, 상당히 - 다르게 진술하고 있다. 만일 바르게 진술하고자 했다면 편지는 다음과 같이 시작되었을 것이다. (새롭게 고친 부분을 굵은 글씨로 표시하였음)

이렇게 갑작스럽게 편지 써서 미안해. 정말 오랜만이군. 이 편지를 어떤 식으로 시작해서 어떤 식으로 끝맺어야 할지, 나 아까부터 골머리를 앓고 있어. 나 원래 편지를 잘 못 쓰잖아. 유난히 일본어를 좋아하고 독서가인 아오이한테 쓰려니 더욱 그렇네.

- 바보 같긴.

그렇게 말하며 아오이가 웃을까.

밀라노로 돌아갔다면서. 다카시한테 들었어. 그리고 완전히 새로운 생

> 활을 하고 있다는 것도. 안심했다고 말해야겠지. **다카시가 네 주소가 적힌 쪽지를 건네주더라. 난 단번에 너의 필체를 알아보았지. 다카시에게 새삼 고맙다고 말해야겠군.** (『냉정과 열정 사이』pp.175-6).

물론 아오이 이야기에서 아오이가 받은 편지의 내용은 이와 전혀 다르다. 이 이야기에서는 쥰세이가 다카시로부터 아오이의 주소를 억지로 알아낸 것으로 서술되어 있다. 그렇다면 우리는 정말 실재 작가로서 가오리를 의심해야 하는가?

이러한 의심에도 불구하고 여전히 하나의 내포 작가가 존재한다는 가설을 끝까지 옹호하고자 한다면 우리는 쥰세이가 쥰세이 이야기에서 알고 있던 사실을 아오이 이야기에서 사실 그대로 이야기하지 않고 있다고 새롭게 가정해야 할 것이다. 다행히 우리는 실재 작가를 의심하는 대신 단순한 '인물' 이 아닌 '인물-서술자' 로서 쥰세이가 작성한 편지의 내용을 의심하기만하면 된다. 의심의 강도를 높여보자. 어쩌면 쥰세이는 편지를 쓰기 시작하면서 주소가 적힌 종이 조각을 다카시에게 건넨 아오이의 속마음을 살짝 떠보고 있는지도 모른다. 사랑이 일방적인 것이 아니라 쌍방적인 이유는 끊임없이 상대로부터 사랑을 확인하고 싶기 때문이 아닐까? 유감스럽게도 우리의 이러한 추정을 뒷받침할 제3의 텍스트란 존재하지 않는다. 사실 어긋남은 텍스트 속에서 해결되기보다 텍스트와 독자의 상호작용 속에서 해석되어야 한다.

우리가 지금까지 제기한 많은 의문점들은 스토리와 담화 사이에 발생하는 필연적인 어긋남에 기인한다. 하나의 스토리를 서로 다른 서술자를 통해 서술한 『냉정과 열정 사이』는 바로 이러한 어긋남을 서술적 기법의 하나로 삼고 작성된 서사 텍스트이다.

구조주의 서사학에 따르면 담화가 스토리를 매개하는 방식은 크게 두 가지이다. 하나는 목소리이고, 다른 하나는 시각이다. 전자는 누가 말하는가에, 후자는 누가 보는가에 각각 관련되어 있다. 쥬네트가 『서사 담화』에서 이 두 서술의 기원을 구분한 뒤 이 구분은 구조 서사학의 핵심 기제로 자리 잡는다. 후기 구조주의 서사학을 표방하는 패트릭 오닐의 설명을 인용해보자.

> 용어의 문제로부터 출발하자면 스토리는 이중의 매개에 의해 서사 텍스트로 소개되고 변형된다. 즉, '말하는' '목소리'와 '보는' '눈'이다. 전자가 서술자(탈육화된 서술자이든 어느 정도 인물화된 인물-서술자이든지 간에)에 속한 것이라면, 후자는 우리가 살펴본 바와 같이 서술자와 동일시되는 그렇지 않든 의식의 지각적 중심인 초점화자에 속한 것이다. (O' Neill 1994: 85-6).

아오이 이야기에서 아오이는 쥰세이와의 과거를 씻으며, 쥰세이 이야기에서 쥰세이는 아오이와의 과거를 묻으며 살아간다. 그러나 씻으면 씻을수록 묻으면 묻을수록 더욱 오롯한 형태로 떠오르는 과거의 추억이 이들의 삶을 붙잡는다. 우리는 이 삶의 스토리를 매개하는 서로 다른, "말하는 목소리"와 "보는 눈"을 서사학적 관점에서 살펴보고자 한다.

3.2. 담화의 어긋남

3.2.1. 목소리의 어긋남

쥬네트는 한편으로 서술 층위에 따라 외적 서술자와 내적 서술자를 구분하고, 다른 한편으로 스토리의 세계에 참여하느냐 그렇지 않느냐에 따라 동종 서술자와 이종 서술자를 구분한다. 외적 서술자는 스토리의 세계 외부에서 이 세계를 창조하는 서술의 기원이다. 반면 내적 서술자는 기본 스토리의 세계 속에 존재한다. 오닐은 외적 서술자를 서술자로, 내적 서술자를 인물-서술자로 새롭게 규정한다. 서술자는 모두 서술 행위의 기원이다. 이 행위가 창조하는 세계 속에 존재하는 서술자가 인물-서술자이다. 세계 속에 존재하는 것은 세계의 일에 참여하는 것과는 다르다. 동종 서술자는 서술된 스토리의 세계에 참여하는 서술자를 뜻하고 이종 서술자는 이 세계에 참여하지 않은 서술자를 가리킨다. 인물-서술자라고 하더라도 자신이 서술한 세계 속에서 특정한 서사적 역할을 수행하지 않는 경우가 얼마든지 존재할 수 있다. 이 경우가 바로 이종 서술자에 해당한다. 반면 특정한 서사적 역할을 수행할 경우 동종 서술자가 된다. 아오이와 쥰세이는 모두 인물-서술자이면서 동종 서술자이다. 오닐의 구분을 바탕으로 약술한 서술자의 유형을 도표로 나타내면 다음과 같다.

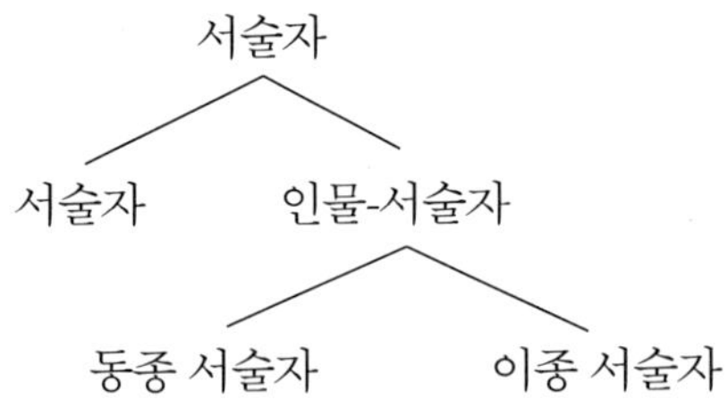

서술의 법은 크게 직접화법(mimesis)과 간접화법(diegesis)으로 나뉜다. 전자는 보임(showing)의 방식이고 후자는 말함(telling)의 방식이다. 툴란(Toolan, 1988)에 따르면 전자는 인물이 중심이고 후자는 서술자가 중심이다.[125] 이 두 방식의 혼합 형식인 자유간접화법은 인물이 말을 하지만 이 인물의 말이 서술자의 말에 삽입되어 나타나는 경우에 해당한다. 아오이 이야기의 경우 쥰세이 이야기보다 자유간접화법의 사용빈도가 높다. 아오이 이야기는 의식의 흐름을 강조하고 있는 반면에, 쥰세이 이야기는 사건의 논리적인 전개 과정을 기술하고 있다. 한 가지 예를 들어 살펴보자.

스무 살 생일날 아오이는 10년 후 자신의 서른 살 생일날 피렌체의 두오모에서 만날 것을 쥰세이에게 제안한다. 이 약속으로 이 두 연인은 헤어진 뒤에도 오직 미래만을 바라보며 살아가게 된다. 이 장면을 아오이 이야기와 쥰세이 이야기를 통해 살펴보자. (우리는 각 문장마다 괄호 안에 직접화법(mimesis)은 D, 간접화법(diegesis)은 I, 자유간접화법은 F로 표기하였으며 아오이의 서술과 쥰세이의 서술이 일치하는 부분은 굵은 글씨로 표시하였다.)

〈아오이 이야기〉

피렌체의 두오모에는 한 번도 가 보지 않았다.(F) 언젠가 가 보고 싶은 마음은 있었다.(F) 사랑하는 사람과 같이 오르리라고.(F)

- 피렌체의 두오모? 왜 하필이면 그런 장소에거? 밀라노의 두오모는 안 되는 거야? (D)

쥰세이는 잠자코 들어 주었다.(I)

- 또 페데리카야? (D)

쥰세이는 피식 웃었다.(I) 스무 살이었다.(I) 우리는 대학의 뒤뜰에 있었고, 밀라노도, 피렌체도, 페데리카도, 가공의 존재인 듯 멀었다.(I)

---

125 Toolan (1988), p.125.

- 약속해 줄래? (D)

그 때 나는, 평소에 없는 용기를 그러모아 말했다.(I) 나로서는 태어나서 처음 하는 사랑의 고백이었으므로.(I)

피렌체의 두오모에는 꼭 이 사람과 같이 오르고 싶다.(F) 그렇게 생각했던 것이다.(F)

쥰세이는, 너무도 쥰세이답게 주저없이 약속해 주었다.(F)

- 좋아. 10년 뒤 5월이라. 그 때는 21세기네.(D)

쥰세이의 웃는 얼굴은 언제나 들판처럼 편안했다.(I) 라 미야 캄파냐(나의 들판). 장난삼아 그렇게 불렀다. (I) (Rosso, p.152)

〈쥰세이 이야기〉

- 약속할 수 있니? (D)

- 무슨? (D)

- 내 서른 살 생일날, 피렌체의 두오모, 쿠폴라 위에서 만나기로, 어때? (D)

- 피렌체의 두오모? 왜 그런 곳에서? 밀라노의 두오모는 안 되니? (D)

- 밀라노 쪽은 세계에서 가장 아름다운 두오모이고, 피렌체 쪽은 세계에서 가장 멋진 두오모라고, 페데리카가 말했어. (D)

- 또 페데리카로구나. (D)

- 땀을 흘리며 몇백 계단을 필사적으로 오르면, 거기에 기다리고 있을 피렌체의 아름다운 중세 거리 풍경에는 연인들의 마음을 하나로 묶어 주는 미덕이 있다고 했어. (D)

- 그렇다고 딱히 거기서 만날 약속은 안 해도 되잖아. 서른 살 네 생일 때, 우리 같이 가도록 해.(D)

- 응, 우리가 헤어지지 않는다면.(D)

- 그런 소리 하지도 마. 곧 우리가 헤어질 것처럼 말하네. 네가 무슨 예언자니?(D)
- 모르잖니, 미래 일은. 그러니까, 오늘을 소중하게 생각한다면 약속해줘. 오늘의 이 마음을 언제까지고 간직하고 싶으니까 약속하는 거야. 내 서른 살 생일, 쿠폴라에서 기다려 주는 거야.(D)
- 네가 먼저 가 있을지도 모르잖아.(D)
- 아니, 영원히 날 마음에 간직한다면 자기가 먼저 가서 기다려줘야 해.(D)
- 서른 살. 앞으로 10년 후의 일인데......(D) (Blue, p.99.)

쥰세이 이야기가 아오이와 쥰세이의 대화로 이루어진 반면에 아오이 이야기는 대화의 중간에 인물 아오이와 서술자 아오이의 생각이 삽입되어 있다. 쥰세이 이야기 속에서 우리는 대화가 이루어지는 현장으로 곧바로 안내를 받지만 아오이 이야기에서 우리는 아오이의 의식 속으로 들어간다. 이 두 서술의 차이로 인해 두 인물의 성격이 두 이야기 속에서 다르게 묘사된다. 아오이 이야기에서 아오이는 "태어나서 처음 하는 사랑의 고백"을 하고 있는 반면 쥰세이 이야기에서 아오이는 "미래의 일"에 대해 불가지론을 펴고 있다. 아오이 이야기에서 쥰세이는 "너무도 쥰세이답게 주저없이" 약속하는 반면 쥰세이 이야기에서 쥰세이는 이 약속이 마음에 걸려 상당히 망설이는 모습이다. 아오이 이야기가 암시적이라면 쥰세이 이야기는 보다 명시적이다. 아오이 이야기가 인상적이고 직관적이라면 쥰세이 이야기는 보다 묘사적이고 설명적이다. 서술의 이러한 어긋남으로 인해 아오이 이야기에서 쥰세이와 쥰세이 이야기에서 쥰세이가 서로 다른 모습이며 쥰세이 이야기에서 아오이와 아오이 이야기에서 아오이가 역시 서로 다른 느낌이다.

3.2.2. 시선의 어긋남

초점화는 크게 외적 초점화와 내적 초점화로 나뉜다. 외적 초점화는 서술자 초점화를, 내적 초점화는 인물 초점화를 각각 가리킨다. 이들은 모두 초점화의 주체이다. 이 주체가 지향하는 대상이 초점화의 대상이다. 초점화의 문제는 초점화의 주체가 누구이며 그 대상이 무엇이냐로 한정된다. 아오이 이야기에서 초점화자 아오이는 초점화 대상 쥰세이를 다음과 같이 바라본다.

> 쥰세이는 잠시도 가만히 있지 않는다. 웃는다. 떠든다. 걷는다. 생각한다. 먹는다. 그린다. 찾는다. 쳐다본다. 달린다. 노래한다. 그린다. 배운다.
> 쥰세이는 동사의 보고였다. 만진다. 사랑한다. 가르친다. 외출한다. 본다. 사랑한다. 느낀다. 슬퍼한다. 사랑한다. 화를 낸다. 사랑한다. 더욱 사랑한다. 운다. 상처 입는다. 상처 입힌다. (Rosso p.108-9).

반면 쥰세이 이야기에서 서술자인 쥰세이는 인물인 쥰세이를 학창 시절 꽤나 "까불고 활달하던"[126] 학생으로 서술하기도 하지만 "숫기 없는" 청년으로 묘사하기도 한다.

> 학창 시절, 내가 아오이를 만날 수 있는 계기를 만들어 준 장본인이 바로 다카시였다. 아오이와 다카시는 둘 다 귀국 자녀로, 그것도 같은 밀라노 일본인 학교의 동급생이었다. 같은 반이었던 다카시는 어느 날, 아오이라는 여자를 소개해 주었다. 한 눈에 반해버렸다. 나는 옛날에

126 『냉정과 열정 사이 Blue』, p.15.

> 도 지금처럼 결코 용기 있는 편은 아니었다. 숫기가 없어서 내가 먼저 여자에게 말을 거는 법도 없었다. 아오이에 대한 생각이 나날이 심각해지면서 나는 처음으로 이 기분을 다카시에게 의논했다. 어이없는 일이지만, 아오이가 나에 대해 어떻게 생각하는지 다카시에게 먼저 물어보게 하고, 그제서야 겨우 내 사랑을 고백할 수 있었다.(Blue, p.153-4).

어쩌면 쥰세이의 실제 모습은 아오이가 상상하는 것처럼 단순히 "동사"로 표현되지 않을 수도 있다. 연애의 초기에 쥰세이는 단순히 행동하기보다 신중히 행동하는 모습을 보인 것이다.

초점화의 주체가 반드시 '눈'을 가진 존재일 필요는 없다. 이 '눈'은 단지 보는 '눈'이 아니라 생각하고 느끼고 판단하는 '눈'이다. 리몬-캐넌에 따르면 초점화는 이처럼 지각적 측면뿐만 아니라 심리적 측면과 이데올로기적 측면을 포괄한다. 서술자 초점화자와 인물 초점화자는 각각의 측면에서 서로 다른 초점화의 역량을 보인다. 초점화자의 유형에 따른 각 측면별 초점화의 역량을 정의하면 다음과 같다.

- 지각적 측면은 공간 층위와 시간 층위로 세분된다. 공간 층위에서 서술자 초점화자는 파노라마적인 지각적 능력을 가지고 있다. 반면 인물 초점화자는 제한된 지각 능력만을 보유한다. 시간 층위에서 서술자 초점화자는 과거, 현재, 미래를 총괄하지만 인물 초점화자의 시각은 현재에 국한된다.
- 심리적 측면 역시 다시 인지 층위와 감성 층위로 양분된다. 인지 층위에서 서술자 초점화자는 비한정적인 지적 능력을 보유하고 있다. 반면 인물 초점화자는 한정된 능력만을 보인다. 감성 층위에서 서술자 초점화자는 객관적 태도를 보이는 반면 인물 초점화자는

주관적이다.

- 이데올로기적 측면에서 서술자 초점화자는 권위적인 반면 인물 초점화자는 종속적이다.

상술한 초점화의 유형과 그 특징을 도표로 요약하면 다음과 같다.

초점화의 유형과 특징

측면	범주	초점화자	특징
지각적 측면	공간	서술자 초점화자	파노라마적
		인물 초점화자	제한적
	시간	서술자 초점화자	현재/과거/미래
		인물 초점화자	현재
심리적 측면	인지	서술자 초점화자	비한정적
		인물 초점화자	한정적
	감성	서술자 초점화자	객관적
		인물 초점화자	주관적
이데올로기적 측면	서술자 초점화자		권위적
	인물 초점화자		복종적

아오이 이야기의 아오이는 쥰세이를 바라보고 쥰세이 이야기의 쥰세이는 아오이를 바라본다. 전자의 시선이 불투명한 반면 후자의 시선은 투명하다. 이 두 시선 모두 심리적 측면에 속한 유형과 그 특징을 보여준다. 아오이의 시선이 감성적이라면 쥰세이의 시선은 인지적이다. 이들은 모두 인물 초점화자로서 초점화의 범위가 제한적이다. 요컨대 아오이의 초점화는 주관적이고 쥰세이의 초점화는 한정적이다. 좀 더 자세히 살펴보자.

쥰세이 이야기에서 초점화자 쥰세이의 초점화 대상은 아오이와의 사랑이다. 쥰세이는 이 대상을 감추지 않는다. 그래서 현재의 애인 메미에게 진심으로 다가설 수 없다. 쥰세이는 자신의 심경을 솔직하게 고백한다.

> 아오이를 일상에서 쫓아 내지 못하는 한, 메미를 진심으로 사랑할 수 없을지도 모른다. 그래서 들고양이 같은 그녀에게 화도 내지 못하는 것이다. 그것을 나는, 상대를 옭아매고 싶지 않으니까, 하고 얼버무린다.
> 결국 아오이가 내 마음속에 똬리를 틀고 있는 이상, 다른 사람을 사랑할 수 없다. 다시 말해, 난 아직 아오이를 가슴속에 내몰아 버릴 정도의 연애를 하지 못하고 있는지도 모른다. (Blue, p. 16)

"메미를 진심으로 사랑할 수 없는" 이유는 쥰세이의 마음속에 아오이가 "똬리를 틀고 있기" 때문이다. 이처럼 아오이에 대한 쥰세이의 초점화는 상당히 투명하다.

아오이 이야기에서 초점화자 아오이의 초점화 대상은 쥰세이와의 사랑이다. 아오이는 이 대상을 철저하게 감춘다. 그래서 현재의 애인 마빈에게 너무나도 친밀한 모습이다.

> 나는 이 사람의 어디를 좋아하는 것일까.
> 올바른 것. 물론 그렇다. 마빈은 공정하고 명석하다.
> 허벅지. 이건 절대적이다. 마빈의 허벅지는 정말 아름답다.
> 기지.
> 관대함.
> 차분한 말투.
> 그리고 ......
> 문든 정신을 차리니 나는 마빈의 머리칼을 손가락으로 빗어 내리고 있었

다. 그렇게 땀이 돋은 마빈의 이마를 만지면서, 하나라도 더 많이 생각해 내려 했다. 하나라도 더 많이 세어, 무엇인가를 정당화하려는 것이리라. (Rosso p.44-5).

마빈에 대한 아오이의 사랑은 투명하다. 그리고 감각적이다. "마빈은 질서를 존중한다. 나는 마빈의 허벅지를 좋아한다."[127]라고 서술자 아오이는 당당하게 고백한다. 그러나 자유간접화법으로 마무리되는 위의 인용구에서 우리는 마빈에 대한 아오이의 이러한 거의 절대적인 애착에 어떤 틈이 존재함을 발견한다.

우리는 또한 인물 아오이를 바라보는 또 다른 인물들의 시선을 통해 마빈에 대한 아오이의 사랑이 확고부동한 것이 아님을 확인할 수 있다. 예컨대 아오이의 동창 다니엘라는 이렇게 말한다.

- 아오이는 마빈한테 너무 쌀쌀맞은 것 같아.(Rosso, p.56)

실제로 아오이가 마빈한테 쌀쌀맞게 대하는 장면이 등장하는 것은 아니다. 우리는 단지 타인의 증언을 통해 마빈에 대한 아오이의 태도를 상상할 뿐이다. 아오이 이야기에서 아오이는 현재의 애인 마빈을 배반하지 않은 것처럼 보인다. 적어도 서술자 아오이에 따르면 그러하다. 반면 인물 아오이를 바라보는 다른 시선들의 증언은 그렇지 않다. 지금 아오이는 마빈의 누이 안젤라와 쇼핑을 마치고 미술관 벽에 기대 대화를 나누고 있다.

---

127 『냉정과 열정 사이 Rosso』, p.22.

“마빈은 좋은 사람이긴 하지만.”

거대하고 장엄한 두오모의 대성당을 올려다보면서 안젤라가 말했다.

“좋은 사람이라고 해서 사랑할 수 있는 건 아니겠지.”

나는 그녀가 무슨 말을 하고 싶은 것인지 몰라 당황하였다.

“하지만, 상관없어.”

안젤라가 말을 계속한다.

“나도 아오이 씨가 좋아졌고.”

미술관에서 단체 손님이 나와, 우리는 그들에게 방해가 되지 않도록 발치에 놓아 둔 쇼핑백의 자리를 옮겼다.

“하지만, 난 마빈을 사랑하고 있어요”

바람이 세게 불어왔다.

“그렇겠지(maybe)”

안젤라는 말하고, 사이다가 들어 있던 종이컵을 쓰레기통에 버렸다.(Rosso, p.127-8).

우리는 위의 대화에서 안젤라가 본 아오이의 모습을 볼 수 있다. 이 모습은 서술자 아오이의 목소리로 기술된 모습이 아니다. 우리는 서술자의 말과 인물의 시선 사이에 존재하는 틈을 통해 아오이 역시 쥰세이를 가슴 속에서 내몰지 못하고 있다는 사실을 간접적으로 확인할 수 있다. 이 틈은 단순한 불일치가 아니라 내포 작가의 존재를 전제하는 틈이다. 이데올로기적 관점에서 비록 서술자가 권위적이고 인물이 종속적이라고 하더라도 독자인 우리는 이 권위를 얼마든지 의심할 수 있다. 서술자가 인물 위에 군림할 수는 있어도 내포 작가보다 권위적일 수는 없기 때문이다. 아오이는 마빈을 사랑하고 있다고 고백하지만 위의 텍스트 - 즉, 내포 작가 - 는 이러한 고백에 모종의 여운이 있음을 암시하고 있다. 내포 작가는 아오이의 마음 속 깊숙이 또 다른 누군가가 역시 "똬리를 틀고 있음"을 말하고 있다. 우리는 이 누군가가 쥰세이임을 알고 있다. 아오이 이야기에서 쥰세이에 대한 아오이의 초점화는 이처럼 불투명하다.

4. 냉정과 열정 사이

『냉정과 열정 사이』에 등장하는 두 명의 서술자는 모두 내적 서술자이면서 동종 서술자이다. 서술자로서 아오이와 쥰세이는 모두 외적 초점화자들이다. 아오이 이야기의 초점화 대상은 쥰세이와의 사랑이다. 쥰세이 이야기의 초점화 대상은 아오이와의 사랑이다. 전자가 불투명하다면 후자는 투명하다. 한 작품에 다중 서술과 다중 초점화는 얼마든지 가능하다. 그러나 한 스토리에 서로 다른 서술과 초점을 맞추고 있는 작품은 흔하지 않다. 더군다나 서로 다른 작가가 한 작품 속에서 이러한 서술 전략을 구사하는 경우는 극히 드물다. 『냉정과 열정 사이』는 이런 점에서 매우 흥미로운 서술적 시도를 선보이고 있다. 냉정과 열정 사이의 어긋남은 서술자로서 그리고 인물로서 아오이와 쥰세이 사이에 존재할 뿐만 아니라 우리가 지금까지 살펴본 것처럼 두 명의 작가의 서술 방식 사이에서도 존재한다. 궁극적으로 이 어긋남은 스토리와 담화 사이에 존재하는 어긋남이다. 그런데 이 어긋남은 아오이와 쥰세이 두 남녀 사이에 존재하는 어긋남이기도 하다. 이 어긋남 속에서 의미를 길러내는 것은 물론 독자의 몫이다.

5. 에필로그 – 소설과 영화

『냉정과 열정 사이』가 두 권으로 이루어진 소설인 반면 이 소설을 원작으로 한 영화는 한 편으로 제작되었다. 이러한 형식적인 혹은 표면적인 변화는 필연적으로 내용적인 변화를 수반한다. 먼저 이 두 작품 사이에 서술 기법 상의 두드러진 차이점을 지적해보자.

『냉정과 열정 사이』의 서사학적 특징 혹은 그 의의는 한 작품에 작가가 두 명이라는 데 있다. 비단 작가뿐만 아니라 서술자와 초점화자도 두 명이다. 그럼에도 불구하고 이 작품의 내포작가가 하나라는 독서 가설에서 우리는 이 작품에 대한 분석을 시작하였다. 반면에 영화는 쥰세이가 '보이스 오버 내레이터' 로 등장할 뿐 별도의 서술 전략을 구사하고 있지 않다. 물론 영화란 매체의 특성상 서술자의 역할이 부각될 수는 없다. 아오이와 쥰세이의 시점도 카메라의 눈에 의해 중화되고 만다. 소설의 일인칭 화자가 갖는 종속적이고 주관적인 초점화는 카메라의 눈에 의해 권위적이고 객관적으로 변해버린다. 결론적으로 영화는 소설의 서술 상의 특징을 전혀 반영하고 있지 않다. 그렇다면 영화가 스토리의 내용만은 원작 그대로 구현하고 있는가?

사실 영화가 원작 소설의 모든 내용을 담고 있지 않다고 하는 것은 결코 문제가 될 수 없다. 소설과 마찬가지로 영화도 모든 것을 다 말할 수는 없는 것이다. 하지만 영화가 원작의 스토리와 전혀 다른 스토리를 제시한다면 우리는 그 차이에 주목할 필요가 있다.

먼저 쥰세이와 아오이의 재회 장면이 영화에서 원작 소설과 전혀 다르게 설정되어 있다고 하는 점을 지적할 필요가 있다. 소설과 영화 모두 아오이와 쥰세이의 친구 다카시가 이들 사이의 인연의 다리를 다시 놓는 조력자의 역할을 수행한다. 하지만 인연이 이루어지는 장소가 영화와 소설에서 각각 다르게 설정되어 있다. 소설에서 쥰세이와 아오이는 피렌체의 두오모에서 10여년 만에 처음으로 재회한다. 반면 영화에서는 피렌체에서 복원사로서 일하고 있던 쥰세이가 어느 날 갑자기 다카시의 방문을 받고 아오이의 소식을 전해들은 뒤 곧바로 밀라노에 살고 있는 아오이를 찾아 길을 나선다. 마빈과 함께 살고 있는 아오이를 본 쥰세이는 그녀의 변한 모습에 크게 실망하고 다시 피렌체로 돌아온다. 쥰세이는 나중에 가서야 당시 아오이의 냉담한 반응의 원인이 자기 아버지에게 있음을 깨닫게 된다. 쥰세이는 아오이에게 사과의 편지를 보내고 이 편지를 받은 아오이는 결국 마빈과 헤어진다.

소설에서 편지의 내용은 쥰세이의 사과 내용만을 담고 있다. 반면 영화 속의 편지는 아오이와 쥰세이와의 첫 사랑 이야기로 거슬러 올라간다. 두 연인은 학교 교정에서 한 서툰 첼로 연주자의 연주를 들으며 첫 키스를 나누고 뜨거운 사랑에 빠진다. 편지를 보낸 쥰세이와 편지를 읽은 아오이는 서로를 그리워하며 10년 전의 약속을 기억에 품고 살아온 지난 세월을 돌이켜본다. 이들은 피렌체의 두오모에서 재회한다. 소설에서 이 장면이 소설의 절정을 이룬다. 반면에 영화에서 이 장면은 다음 장면을 위한 예비 단계에 불과한 것으로 폄하된다. 쥰세이와 아오이는 우연히 피렌체의 한 광장에서 10여 년 전 학교 교정에서 첼로를 연주한 사람의 연주를 다시 듣게 되고 다시 첫 사랑의 열정을 회복한다.

소설은 아오이가 떠나고 쥰세이가 아오이를 만나러 밀라노 행 급행 열차를 타는 장면에서 끝이 난다. 과연 이 두 연인은 다시 열정을 보일 것인가? 소설의 마지막 장면을 읽으며 다음 이야기에 궁금해 하는 독자가 있다면 영화는 이 궁금증의 일부를 해소해준다. 밀라노에 도착한 쥰세이가 아오이를 반갑게 맞이하는 것으로 영화는 이야기의 매듭을 짓고 있다.

원작과 콘텐츠 사이에 발생하는 이러한 다양한 변주를 과연 어떻게 설명할 수 있을까? 다시 이야기한다는 것은 다르게 이야기하는 것이다. 작가 가오리의 첫 독자는 작가 히토나리이다. 이 두 작가의 작품을 읽고 영화를 만든 나케에 이사무는 이 두 작품의 또 다른 독자이다. 이들은 모두 다시 이야기하면서 다르게 이야기한 독자들이다. 그렇다면 이들의 작품들을 '읽고' '본' 우리는 우리의 독서 활동 속에서 우리 나름대로의 방식으로 이 작품들을 다시 혹은 달리 이야기하는 또 다른 작가이자 서술자가 아닐까?

참고문헌

- 미겔 데 세르반테스 저 박철 옮김, 2004, 『돈키호테』, 시공사.
- 박현욱, 2006, 『아내가 결혼했다』, 문이당
- 사르트르 저 김화영 옮김, 1947(1987), 「이방인 해설」, in 『이방인』, 책세상.
- 슬라보예 지젝 지음, 김종주 옮김, 2003, 『실재계 사막으로의 환대』, 인간사랑.
- 에쿠니 가오리 저 김남주 옮김, 2000, 『냉정과 열정사이 Rosso』, 소담출판사.
- 에드워드 사이드 지음, 박홍규 옮김, 2007, 『오리엔탈리즘』, 교보문고.
- 정이현, 2006, 『달콤한 나의 도시』, 문학과 지성사.
- 카뮈 저 김화영 옮김, 1987, 『이방인』, 책세상.
- 최용호, 2002, 『텍스트 의미론 강의』, 인간사랑.
- 최용호, 2006, 『의미와 설화성』, 인간사랑.
- 최용호, 2008, 「『달콤한 나의 도시』에 관한 네 가지 물음」, 기호학연구24집.
- 최용호, 2008, 「『이방인』에 나타난 두 가지 서술전략」, 프랑스학연구46집.
- 츠지 히토나리저 양억관 옮김, 2000, 『냉정과 열정사이 Blu』, 소담출판사

- Barthes R., 1968(1984), "La mort de l' auteur", in *Le bruissement de la langue*, Paris: Seuil

- Barthes R., *L' Analyse structurale du récit: recherches sémiologiques*, Paris, Seuil, 1966.
- Barthes R., 1977, Introduction to the structural analysis of narrative" in *Image, Music, Text*, trans. Stephen Heath, New York: Hill and Wang.
- Bal, M., 1984, *Narratologie*, HES Publishers/Utrecht.
- Bal Mieke, *Narratology: Introduction to the theory of narrative*, Toronto: University of Toronto 1943, Le roman de l' Etranger, Faux pas, Paris, Gallimard.
- Booth W. C., 1961, *The rhetoric of fiction*, Chicago: Chicago Uinversity Press.
- Chatman S., 1978, *Story and discourse Narrative Structure in Fiction and Film*, Ithaca and London: Cornell University Press.
- Chatman S., 1990, *Coming to terms The rhetoric of narrative in fiction and film*, Ithaca and London: Cornell University Press.
- Culler J., 1975, *Structuralist poetics*, London and Henley: Routledge & Kegan Paul.
- Culler J., 1980, "Literary Competence", in *Reader-Response Criticism* edited by Jane P. Tompkins, Baltimore: The Johns Hopkins University Press.
- DeLancey S., 1987, Transitivity and in Grammar and Cognition, in R. Tomlin (ed) *Cognition and Grounding in Discourse*, Amsterdam: John Benjamins.
- Genette, G., 1972, *Figures III*, Paris: Le Seuil.
- Genette G., 1983, *Nouveau discours du récit*, Paris: Edition du Seuil.
- Greimas A.J., *Sémantique structurale*, Paris, Larousse, 1966.
- Greimas A.J., *Du sens I*, Paris, Seuil, 1970.

- Greimas A.J., *Du sens II*, Paris, Seuil, 1983.
- Greimas A.J. et Courtès J., Sémiotique, dictionnaire raisonnée de la théorie du langage, Paris, Hachette, 1979.
- Groupe M, 1992, Traiti du sign visuel, Paris : Seuil.
- Herman D., 2001, 'Narrative theory and cognitive science' in *Narrative Inquiry 11(1).*
- Herman D., 2002, *Story logic*, Lincoln and London: University of Nebraska Press.
- Herman D., 2003, "Stories as a tool for thinking", in *Narrative theory and the cognitive sciences*, ed. by David Herman, Stanford California: CSLI Publications.
- Hogan P. Colm, 2003, *The mind and its story Narrative Universals and Human Emotion*, Cambridge: Cambridge University Press.
- Hühn P., Transgeneric Narratology: Application to Lyric Poetry, *The Dynamics of narrative form*, Edited by John Pier, Berlin New York : Walter de Gruyter, 2004.
- Iser W., 1978, *The act of reading A theory of reading A theory of aesthetic response*, Baltimore and London: The Johns Hopkins University Press.
- Kindt T. & Müller H.-H., 2006, *The implied Author concept and controversy*, Berlin New York: Walter de Gruyter.
- Lakoff & Johnson, 1980, *The metaphor we live by*, 1980
- Minsky M., 1975, 'A framework for representing knowledge', in P.E. Winston(ed.) *The Psychology of Computer Vision*, New York: McGraw-Hill.
- O' Neill P., 1994, *Fictions of Discourse*, Toronto Buffalo London:

University of Toronto Press.

- Pingaud B., 1992, *L' Etranger d' Abert Camus*, Foliothèque, Paris, Gallimard, 1992.
- Rastier F., 1987, *Sémantique interprétative*, Paris, Puf.
- Rastier, F., 1989, *Sens et Textualité*, Paris, Hachette.
- Rastier F. et Pincemin B., *'Des genres à l' intertexte'*, Cahiers de praxématique, n°23, 1999.
- Rimmon-Kenan S., 1983, *Narrative fiction comtemporary poetics*, London: Methuen & Co Ltd.
- Schank R. C. & Abelson R. P., 1977, *Scripts, plans, goals and understanding*, New York Toronto London Sydney: John Wiley & Sons.
- Stanzel F. K., 1979(1986), *A theory of narrative*, Cambridge: Cambridge University Press.
- Stockwell R., 2002, *Cognitive poetics an Introduction*, London and New York: Routledge.
- Todorov T., 1969, *Grammaire du Décaméron*, Paris: Mouton.
- Toolan M., 1988, *Narrative A Critical Linguistic Introduction*, London and New York: Routledge.

찾아보기

ㄹ

ㅁ

ㅂ

ㅅ

ㅇ

ㅈ

ㅊ

서사로 읽는 서사학

인지주의 시학의 관점에서

초판 인쇄 2009년 2월 20일
초판 발행 2009년 2월 28일
지은이 최 용 호
펴낸이 박 철
펴낸곳 한국외국어대학교 출판부
130-791 서울특별시 동대문구 이문동 270
전화 : 02-2173-2495~6
팩스 : 02-2173-3363
홈페이지 : http://press.hufs.ac.kr
전자우편 : press@hufs.ac.kr
출판등록 제6-6호(1969. 4. 30)
편집 · 디자인 (주)이환디앤비 02)2254-4301
인쇄 (주)삼진피앤씨 02)2271-0860

ISBN 978-89-7464-518-2 14000 정가 11,000원

※ 잘못된 책은 교환하여 드립니다.
